IS는 왜

IS는 '테러 괴물'인가, 객관적인 우리 시각으로 파헤친 IS 심층 파일

초판 1쇄 발행 2016년 1월 10일 ＼**초판 3쇄 발행** 2017년 1월 20일
지은이 한상용 · 최재훈 ＼**퍼낸이** 이영선 ＼**편집 이사** 강영선 ＼**주간** 김선정
편집장 김문정 ＼**편집** 김종훈 김경란 하선정 김정희 유선 ＼**디자인** 김회량 정경아
마케팅 김일신 이호석 김연수 ＼**관리** 박정래 손미경 김동욱

퍼낸곳 서해문집 ＼**출판등록** 1989년 3월 16일(제406-2005-000047호)
주소 경기도 파주시 광인사길 217(파주출판도시) ＼**전화** (031)955-7470 ＼**팩스** (031)955-7469
홈페이지 www.booksea.co.kr ＼**이메일** shmj21@hanmail.net

© 한상용·최재훈 , 2016
ISBN 978-89-7483-765-5 03340
값 13,900원

이 도서의 국립중앙도서관 출판시도서목록(CIP)은 e-CIP 홈페이지(http://www.nl.go.kr/ecip)에서
이용하실 수 있습니다.(CIP제어번호: CIP2015033824)

이 책은 관훈클럽 신영연구기금의 도움을 받아 저술 출판되었습니다.

IS는 왜?

IS는 '테러 괴물'인가, 객관적인 우리 시각으로 파헤친 IS 심층 파일

한상용 · 최재훈 지음

서해문집

IS는 '테러 괴물'인가?

열사의 나라 이집트에도 사계절은 있다. 한국처럼 봄과 가을이 뚜렷하지 않고 겨울 기온이 영하로 내려가진 않지만 계절의 변화는 충분히 느낄 수 있다. 북아프리카 사막을 가로지른 모래바람이 불어오기 시작한 2015년 봄. 아랍어로 카마신이라 불리는 이 모래바람이 카이로를 휘젓고 지나간 다음 날 집 근처 작은 카페에서 카이로 특파원 5년차인 한상용과 이집트에서 9년째 지내는 최재훈이 만났다. 평소처럼 이집트 전통차인 세이와 커피를 마시며 이런저런 얘기를 나눴다. 단골 주제인 '아랍의 봄'은 물론 이집트의 정치, 경제 전망을 놓고 시작했다. 중동의 최대 관심사 중 하나인 이슬람국가(IS)도 둘만의 난상 토론 소재로 올랐다.

당장 IS를 둘러싼 궁금증이 쏟아졌다. 'IS는 왜 잔인한 행동을 계속할까?', 'IS는 결국엔 망할 것인가?', '김 군은 왜 IS에 가입했을까? 등등……. 대화가 진행되면서 우리 둘만의 가정과 추측, 전망이 뒤따랐다. 궁금증에 대한 공방과 가설도 제시됐다. 그러나 어느 것 하나 확신이 들지 않았다. 둘이 중동에 머문 기간을 합하면 14년이 넘지만 IS의 실체는 물론 IS의 탄생 배경, 그들의 이슬람 교리, 이라크와 시리아 역사를 막연히 아는 수준이었기 때문이다. 중동에 파견돼 IS 관련 기사를 수백 건 작성하긴 했어도 IS와 관한 정보를 언론 보도와 전문가 분석, 시중에 떠도는 소문을 통해 주로 얻어왔던 터라 그 정보를 전적으로 신뢰하기도 어려웠다. IS에 대한 좀 더 심층적이고 믿을 만한 자료가 필요하다고 잠정 결론을 내렸다.

IS와 관련된 자료를 수집하기 위해 먼저 발로 뛰어보기로 했다. 주말에는 카이로아메리칸대학(AUC) 도서관에서 논문 자료를 찾아보고, IS에 관한 최근 서적을 탐독하기 시작했다. 한국과 이집트에서 구할 수 있는 IS 관련 책을 거의 다 읽어봤다. 한국에서 나온 책은 이집트에 오는 지인을 통하거나 국제우편을 통해 전달받았다. 이집트 도서관에서 얻은 IS 최신 논문과 관련 기획, 특집 기사, 중동과 이슬람 역사서까지 합해 100건이 넘는 기초 자료를 확보했다. 하지만 이마저도 부족하다는 느낌이 들었다.

중동 현지에 나와 있는 '이점'을 최대한 살려 이집트의 최고 정치 전문가의 의견도 들어보는 게 낫겠다는 생각이 들었다. 이런저런 아이디어를 살려 틈틈이 시간이 날 때마다 중동 분쟁 전문가를 인터뷰하고, 그들의 발언 내용을 분석했다. 의미가 있는 분석이나 발언을 접하면 곧바로 기사화해 IS에 관한 국내 독자들의 이해를 도우려 했다.

세계 유수의 언론매체에 보도된 IS 관련 내용을 꼼꼼히 읽고 기록하는 것도 빼놓지 않았다. 그 내용도 신뢰성 검증을 위해 그 출처를 직접 확인해 보기도 했다. IS가 인용하는 이슬람의 교리는 물론 이슬람 경전인 쿠란과 예언자의 언행록인 하디스의 내용도 파헤치고 광범위한 기존 자료와 최신 자료, 전문가 인터뷰 내용을 정리했다.

어느덧 IS와 씨름한 지 반 년 정도가 훌쩍 지나면서 흥미로운 사실을 알게 됐다. IS를 바라보는 아랍권과 서구의 언론 보도에는 시각차가 존재한다는 것이다. 또 단편적이고 자극적인 보도로

만 주로 접한 IS의 실체는 예상보다 훨씬 복잡했고, 이를 이해하기 위해서는 폭넓은 중동의 역사, 이슬람 교리 공부도 병행돼야 한다는 점을 깨달았다. 한국의 독자들이 서구의 언론 보도 프레임에 갇혀 있는 게 아닌가 하는 의구심도 들었다. IS와 관련된 한국 기사의 댓글에는 'IS를 하루 빨리 박멸해야 한다', '이슬람은 답이 없다', '지상군을 투입해 IS 대원들을 모조리 없애야 한다' 등의 극단적인 내용이 주류를 이뤘다.

그렇다면 과연 그 댓글을 단 네티즌의 주장처럼 군사력과 같은 무력에 의해 IS는 쉽게 파멸될 것인지에 대한 의문이 들었다. 그리고 이슬람이 IS의 잔혹성에 직접 영향을 미쳤는지는 지금도 명확한 결론을 내리지 못했다. IS를 파헤치고 그 배경과 중동의 역사를 알면 알수록 IS는 복잡한 정치적 유기체이면서도 나름 체계를 갖춘 조직이었다. 전투기의 공습과 첨단 무기로 무장한 지상군만 투입하면 당장 격퇴될 수 있는 단순한 이슬람 무장조직이 아니었다.

김 군과 관련해 안타까운 점도 새삼 느꼈다. IS의 탄생 배경과 역사를 알았다면 우리나라 청년이 그 조직에 가담하지 않을 것이란 우리만의 추론 때문이다. 그 가족이 느꼈을 슬픔도 어렴풋이 다가오기도 했다. 공교롭게도 김 군이 가입한 IS의 전신 무장조직인 유일신과 지하드(JTJ)는 2004년 6월 이라크에서 무역업체 직원인 김선일 씨를 참수한 바로 그 단체였다. 물론 가정이지만 김 군이 이 사실을 알았다면 과연 IS에 합류할 생각을 할 수 있었을까?

IS의 뒤틀린 정체성

'잘못된 길을 가면서도 이를 깨닫지 못하고 있다. 오히려 가장 바른 길로 가고 있다고 굳게 믿는다' 이집트 최고의 '싱크탱크'인 알아흐람 센터의 아흐메드 칸딜 박사가 2015년 중순에 한 말이다. IS의 정체성에 관한 이 설명이 맞는다면 이는 IS의 실체와 미래를 예측할 잣대가 될 수 있다. IS가 잘못된 길의 막바지에 다다랐을 때 점령지 무슬림 주민으로부터 버림받을 가능성이 크기 때문이다. 국제사회로부터 고립된 상황에서 주민의 지지를 받지 못한다면 IS는 영원히 존속하지 못할 것이다. 억압과 탄압만으로 국가를 수립할 가능성도 매우 낮다.

다만 IS가 벼랑 끝에 몰릴 시점은 당장 예측하기 어렵다. IS의 실체가 정확하게 알려지지 않은 상황에서 중동 내 역학 관계마저 복잡하게 얽혀 있어서다. 무정부 상태와 다름없는 시리아와 이라크 정권의 능력과 대IS 정책, 미국을 주축으로 한 서구의 개입, 이란과 사우디아라비아, 터키 등 주변국의 패권 경쟁, 종파 갈등이 그것이다.

IS는 무분별하고 포악한 괴물이나 과격 테러단체만은 아니다. 자신만의 이데올로기(사상)에 집착해 똘똘 뭉쳐 있는 무장집단이다. 이상적 국가를 꿈꾸는 일종의 과격, 급진 사회운동 조직으로도 볼 수 있다. IS와 같은 특정 집단의 사상은 최신 기관총이나 탱크 포격, 전투기 공습만으로 제압할 수 없다. 사상은 사상으로써 극복될 수 있다. IS는 선전전에서 다른 급진주의 무장단체와 달리 전략적이고 주도면밀한 모습을 보여 왔다. 따라서 IS와 대결은 단순한 군사적 우위만으로 승패를 가를 수 없다.

국제사회가 IS 대응에 우왕좌왕하는 사이 IS는 세계를 공포와 경악, 충격으로 몰아넣었다. 2013년 6월 이라크 제2의 도시 모술 점령과 미국인 인질 사건을 계기로 국제 언론의 시선을 끌기 시작한 IS는 지난 1년간 전례를 찾아보기 힘든 무시무시한 '괴물'로 포장됐다. 언론과 학계, 중동 지역을 잘 아는 전문가들조차도 IS를 최악의 국제 테러단체 또는 이슬람 과격주의 무장단체로 묘사했다.

IS는 중동을 넘어 세계의 위협적 존재임은 분명하다. IS의 잔인 무도한 행보는 인류의 보편적 가치와 인권 측면에서 지탄받아 마땅하다. 또 한국의 열여덟 살 청년 김 군이 IS에 가담하려고 시리아 국경을 넘고, 일본인 인질 두 명이 참수당하면서 우리나라도 '강 건너 불구경' 신세를 벗어나 IS에 큰 관심을 갖게 됐다.

IS는 청년들이 자주 이용하는 소셜미디어를 통해 그 영향력을 확대하고 세계 각지의 청년들과 직접 소통하고 있다. 기존의 이슬람 과격단체와는 사뭇 다른 접근 방식이다. IS는 외국인 인질과 요르단 조종사를 잔혹한 방식으로 살해하고, 이를 동영상에 버젓이 공개하며 그들의 극단주의 사상을 전파하기도 한다. IS는 프랑스 연쇄 테러와 미국 텍사스 총격 사건, 호주 카페 인질극 등 서구에서 일어난 다양한 형태의 테러 배후도 자처했다. 이집트 시나이반도에서 발생한 러시아 여객기 추락 사고도 자신의 소행이라고 주장했다.

하지만 궁금증도 생긴다. 그 실체가 완전히 밝혀지지 않은 IS

에 대한 '테러 괴물'의 프레임은 왜 생겨났고, 이 프레임이 과연 전부일까? IS에 관한 의문은 이 질문에서 시작됐다. 사실 IS는 중동의 한복판에서 불현듯 갑자기 태어난 신생 조직이 아니다. 제2차 세계대전 후 탈냉전 속에 미국의 패권주의, 아랍권의 독재 정권, 2011년 '아랍의 봄' 이후의 정국 혼란 등 중동 전반의 역사적 격동기에 생겨난 세력이다. 그렇다면 IS의 탄생 배경과 시대적 상황, 사상을 알면 IS의 미래를 전망하는 것도 가능하지 않을까?

IS의 위협은 중동뿐만 아니라 서구, 아시아에서도 존재하지만 그 실체를 정확히 알기는 어렵다. IS가 활동하는 시리아와 이라크에 들어가 IS를 직접 파악하기도 쉽지 않고, IS의 구체적이고 실증적인 자료도 극히 드물기 때문이다. 물론 IS는 자신의 내부 조직이나 재원을 공개적으로 밝힌 적도 없다. IS에 관한 책들이 영어권을 중심으로 잇달아 발간되고 있지만 흥미 위주 또는 이슬람과 지하디즘 역사에 초점을 둔 연구 중심이다. 국제 안보나 테러를 주로 다루는 연구기관이나 전문기관들이 데이터 분석 자료를 내놓았어도 그 출처에 대한 신빙성은 여전히 의문이다. 신뢰성 높은 자료가 절대적으로 부족한 탓에 현재 진행 중인 IS의 실체를 정확하게 전달하거나 미래를 예측하는 데 한계가 있을 수밖에 없다.

중동과 서구의 엇갈린 시각

IS는 중동을 넘어 세계의 위협적 존재임은 분명하다. 하지만 서구와 중동 언론이 IS를 바라보는 시각은 크게 다르다. 서구 언론은 IS의 인질 참수, 화형, 자살 폭탄 공격 등 잔혹하고 선정적인 면을 부각하는 경향이 있다. IS를 잘 훈련되고 조직화한 무장집단 또는 테러단체로 묘사한다. 사실상 세계에서 가장 잔인한 '테러리스트 집단' 수준으로 규정하고 있다. 미국과 영국의 취재진과 구호단체 직원을 참수하는 동영상까지 공개하고 파리 테러를 감행하면서 서구 언론에 비치는 IS는 물불을 가리지 않는 '잔인한 살인자 집단'의 모습이다. 2001년 '9.11' 테러로 세계에 악명을 떨친 알카에다보다 더 잔혹한 단체로 취급받고 있다.

그러나 IS는 미국을 중심으로 한 서구와 일부 아랍권 국가의 공습에도 전혀 주눅 들지 않고 항전을 결의한 상태다. 게다가 IS는 주요 근거지인 이라크 모술과 시리아 락까에 거점을 두고 두 국가의 수도인 바그다드와 다마스쿠스까지 진격을 공언하기도 했다. 이 여파는 이웃국가인 사우디아라비아와 이란, 요르단, 레바논, 터키 등으로 확대됐다. IS가 중동의 뜨거운 이슈로 떠오르면서 아랍권은 안보를 이유로 연합군 창설까지 검토하기에 이르렀다. 세계는 IS의 불똥이 유가에 영향을 줄까 예의주시하고 있다. 중동을 넘어서 국제적인 위협 조직으로 취급되는 이유가 이 때문이다.

반면 중동 언론은 IS를 '사이코패스 환자들'이 모인 테러단체로

만 간주하지 않는다. 이슬람 극단주의적 무장단체로 여기면서도 일종의 정치적 무장 운동으로 바라보는 시각이 존재한다. 태생적 테러단체라기보다는 중동의 격변기 속에 정국 혼란이 지속하는 시리아와 이라크에 둥지를 튼 하나의 무장운동 조직으로 보는 것이다.

IS는 제2차 세계대전 이후 아랍 폭력의 역사 속에서 지하디스트의 계보를 이은 이슬람 급진 무장세력이다. 물론 IS가 잔혹한 참수 영상을 공개하고 민간인에게 테러를 저지를 때면 평범한 무슬림을 포함해 누구나 가릴 것 없이 이를 비판한다. 그러나 많은 아랍권 언론과 현지인은 IS가 탄생한 배경 이면에는 서구의 중동 개입이 자리 잡고 있다고 의심하고 있다. 즉 미국을 중심으로 한 서구 국가들이 안정적인 오일 수입과 이스라엘 편들기 때문에 중동 현안에 적극적으로 개입하고 내정 간섭을 쉽게 하려고 종파 갈등과 종족 갈등을 부추겼다는 것이다.

사실 중동 국경선 윤곽도 제1차 세계대전 중 영국과 프랑스가 비밀리에 제멋대로 그은 사이크스-피코Sykes-Picot 협정의 결과물이다. 이에 대한 아랍인의 분노와 좌절감이 쌓이는 것은 어쩌면 당연한 현상일 수 있다. 2001년 미국에서 발생한 9.11테러 이후 서구 국가에서 강하게 불었던 '이슬람 포비아Islamophobia' 즉 이슬람 혐오 현상, 2003년 미국의 이라크 침공, 미국의 이스라엘 편애 등도 중동에서 발생한 각종 분쟁의 근원을 서구로 지목하는 주요 요인이다. 중동 언론은 '모든 무슬림이 IS는 아니다'라는 취지로 보도하며 서구의 이슬람 혐오성 보도에 항변하고 있다.

서구와 중동의 두 시각 중에 어느 한쪽 편에 서서 IS를 바라보고 판단할 수는 없다. 어디에 초점을 두고 평가하기에 따라 IS에 대한 규정과 정의가 달라질 수 있기 때문이다. 서로 자신의 입장과 시각으로 판단하는 경향도 물론 존재한다. 따라서 어느 한 쪽 방향으로 치우칠 경우 IS를 객관적으로 평가할 수 없다. IS에 대해 서구 언론이 과대 포장하거나 또는 중동 언론이 과소평가하는 부분도 없지 않다. IS의 실체에 접근하려면 더 구체적인 정보에 입각해 두 시각 모두 섭렵할 필요가 있다. 다각적인 시각으로 바라봐야 한다는 의미다. IS에 관한 입체적 분석 없이는 IS의 실체를 파악하기는 더욱 어려울 수밖에 없다.

IS에 관한 책이 미국을 중심으로 끊임없이 쏟아지고 있다. 하지만 카이로 시내의 대형 서점과 도서관에서 발견한 최근의 서적들은 IS의 잔인하고 선정적인 면을 부각할 뿐 심층 분석이 담긴 서적이나 논문은 단 몇 권을 제외하고 찾아보기 어려웠다. 한국에서도 IS를 다룬 일부 외국어 서적이 한국어로 번역돼 소개됐지만 서구의 시각에 치우쳐 있거나 역사적, 학문적 접근에 집중했다는 느낌을 지울 수 없었다.

이러한 점 때문에 기존의 종교 프레임, 서구의 책임론 프레임에서 한발 더 나아가 한국인이 직접 분석한 시각에서 기존의 종교 프레임, 서구의 책임론 프레임에서 한발 더 나아가 IS의 현 실태를 한번 제대로 짚어주고 싶었다. IS의 행동 원인을 심도 있게 분석하고 중동의 현대사와 복잡한 정치 구도, 국제 관계를 아울러 IS를 살펴보고 싶었다. IS를 둘러싼 중동 각국의 다양한 이해관계도 따져보려고 했다. IS에 대한 언론 보도와 사실 관계는 이중, 삼중으로 점검했다.

우리는 IS를 균형 잡힌 시각으로 객관적으로 바라보고 파악해 나름의 해법도 제시하고자 한다. 그 해법의 골자는 내부 개혁과 종교 교육, 아랍권을 중심으로 한 국제사회의 공조와 협력이다. 외부 세력으로 간주되는 미국을 중심으로 서구가 IS 사태를 군사적 개입으로 해결하기에는 분명 한계가 있다는 점도 지적하고자 한다. IS가 단순 무장단체가 아니라 설정한 목표를 달성하기 위해 실천하는 그리고 이슬람을 정치적으로 이용하는 일종의 극단주의 '정치, 사회 운동조직'의 특성도 지녔기 때문이다. 이러한 IS의 목적과 이상을 알아야 IS의 미래를 예측하는 것도 가능하다.

IS의 탄생 배경과 중동의 역사를 살펴 보면 이 조직은 잔인한 측면만 부각된 중동산 '테러 괴물'이 아니다. IS는 칼리프 국가 수립이란 야망을 위해 종교를 이용하고 폭력 노선을 정당화하려는 사상에 사로잡힌 집단이다. IS는 치밀한 선전전과 전략적 행동으로 한국과 아시아, 전 세계에 직·간접적으로 공포를 안겨줄 수도 있다. 우리나라와 지리적으로 멀리 떨어진 중동에서 벌어지는 일이라고 '먼 나라의 일'로만 치부할 수는 없다. IS의 행동과 그 배경, 목표 등을 알고 대응해야 혹시라도 발생할지 모를 만약의 사태에 대비할 수 있다.

IS 사태 이후 한국 사회에 무조건적인 중동 또는 무슬림 혐오감이 퍼진다면 국내 이슈인 다문화 정책과 이주민 문제에 악영향을 미칠 수 있다. 외국인 이주민 문제는 세계적 이슈인 시리아 난민 문제와도 무관하지 않다. 또한 김 군 사태가 벌어진 이유를 분석하고 이러한 일이 다시 발생하지 않도록 그 대안도 이 책에서 제시하려 했다.

이 책은 IS에 관한 논쟁을 유발하거나 이론을 정립하기 위한 학문적 목적으로 쓰여지지 않았다. IS의 사상과 실체를 더 잘 이해하는 데 초점이 있다. 여기에 중동과 이슬람에 대한 왜곡된 이미지와 잘못된 선입견도 어느 정도 바로잡고 싶고, 시리아, 이라크 난민에 대한 인류애적 지원의 필요성을 전하고 싶은 마음도 이 책을 쓰게 된 주요 동기 중의 하나다.

카이로의 한 작은 카페에서,

한상용, 최재훈

1장　IS의 실체

세계로 번지는 IS · 021
ISIS냐 ISIL이냐, IS냐, 아니면 다에쉬?
IS 깃발에 숨겨진 이슬람의 상징
잔혹한 외국인 인질 참수로 존재감 부각
인류 문화유산 파괴로 전 세계 분노 증폭
테러의 세계화, 외로운 늑대
IS 정의하기

IS의 실체와 현황 · 046
이라크와 시리아의 점령지 현황과 전투력
북아프리카와 중동에 걸친 'IS 벨트'
칼리프 국가 수립이 궁극적 목표
조직의 변천사
내부 권력은 어디서, 이슬람식 지도자 선출방식
알바그다디의 정체
경제적 기반은 원유 밀매와 약탈, 세금
점령지 주민은 IS를 환영할까? 반대할까?

2장　IS의 전략과 덫

행동하는 IS · 077
과격한 행동을 하는 이유
상징주의와 비밀주의
외국인 대원의 합류
기독교도 참수 이유, 타크피르 사상의 폭력화
소수 민족 여성의 노예화
IS의 성폭력과 동성애

한국의 '김 군'과 IS를 좇는 세계의 청년들 · 095
이집트에도 김 군 같은 청년들이 있을까
김 군의 IS 가담, 두려움의 여정
IS의 치명적 유혹?, 행동과 승리
외국인 청년들이 IS에 가입하는 이유
IS에 빠진 외국인 여성
외국인 대원의 선택, 죽거나 탈출하거나

IS의 선전전과 미디어 전략 · 118
스타에서 은둔자로, 지하디 존
가상현실 속의 치명적 무기, 소셜미디어
선전전의 첨병 영문 잡지 '다비크'

온라인 미디어 전략에 걸려든 청년들
파라다이스에 현혹된 자살 폭탄
최후의 전투로 포장된 종말론

3장 IS를 둘러싼 중동사와 외부 요인

중동의 격동 속에 태어난 IS · 141
　'아랍의 봄' 이후 혼란기에 태동한 IS
　정권의 혼돈과 부패가 낳은 공권력 약화
　이슬람 수니-시아 종파 갈등의 시각
　이라크에서 처음 출몰한 배경
　지도부의 주축 사담 후세인 잔당
　시리아 내전으로 더 성장한 IS

IS 탄생, 중동을 둘러싼 국제사회 · 169
　IS 탄생의 단초, 미군의 침공과 철수
　중동의 구심점 없는 IS 대응
　강대국 대리전으로 보는 시각
　세계화의 부작용?

반복되는 폭력의 역사 · 191
　근현대 아랍 폭력의 역사
　탈레반과 IS
　IS의 대부격인 알카에다, 나중에 결별과 대립
　지하디스트의 새로운 물결 IS
　폭력 노선의 허점과 이슬람 학자의 비판
　IS 폭력에 집단 항의한 이슬람 학자들의 공개 항의 서한
　'이슬람 포비아', 끝이 없는 무언의 폭력

4장 IS의 한계와 전망

IS의 미래 · 221
　영토 확장에 대한 한계
　칼리프제 수립은 '실현 불가능한 환상'
　소멸론과 두 가지 시나리오
　아랍권과 국제사회의 대응 전략과 해법
　시리아 난민 사태, 유럽을 넘어 아시아의 문제로
　한국과 아시아에 미치는 영향

나오는 글 248
감사의 글 253
참고자료 256

1장

세계로 번지는 IS

IS는 무고한 시민을 대상으로 테러 행위만을 저지르는 과격한 테러단체로 볼 것인가? 아니면 정치적, 사회적 개혁을 원하는 시민사회단체로 정의할 것인가? 한 가지 답을 고르기는 매우 어렵다. 어느 쪽이든 한 가지 특성으로 IS를 정의한다면 IS를 제대로 보지 못할 수도 있다. 그러면 IS 사태 해법찾기는 더 복잡해질 수 있다.

IS의 활동에 동기부여를 하는 것은 이슬람 종교다. IS는 무슬림의 삶과 밀접하게 연관된 이슬람을 주요 매개체로 삼아 그들의 사상을 쉽게 전파하고 선전전의 효과를 높였다. 외국인 인질을 참수하고 이라크와 시리아의 세계 유산을 파괴할 때도 종교의 이름을 빌려 만행을 저질렀다. 국제사회로부터는 비판과 지탄을 받았지만, 이슬람주의 사상에 물든 청년들에게는 오히려 큰 자극이 되고 영감을 줬다.

IS는 그 조직 이름에서부터 그들의 목적을 명확히 밝히고, 깃발로 동기부여를 확실히 하고 있다. 치밀한 예고 참수, 공격 협박 등의 전략으로 세계 이목을 끌기도 한다. 그런 IS를 보는 엇갈린 두 가지 시각도 있다.

ISIS냐 ISIL이냐, IS냐, 아니면 다에쉬?

IS, ISIS, ISIL, ISI, 다에쉬, 다울라 이슬라미야 등등. 세계에서 악명을 떨치고 있는 이 조직의 이름에 대한 논란은 지금도 진행 중이다. 서구는 물론 아랍권에서도 이 조직은 여러 이름으로 불리고 있다. 세계와 아랍권의 각기 다른 정치적 논리와 언어의 표현 차이로 혼선마저 일고 있다. 이집트에서 전문가 인터뷰를 할 때도 '이슬람국가', '다에쉬', 'ISIS' 등 다양한 이름이 등장하지만 모두 같은 조직이다. 그 이름을 먼저 정리하고 나서 진도를 나가는 게 맞는 순서인 것 같다.

이 조직은 영어식 이름으로 세계인에게 널리 알려졌지만 중동에서는 아랍어 이름이 흔하게 쓰인다. 실제 이 이슬람 급진주의 무장조직의 공식 이름은 아랍어다. 이를 영어로 풀어 쓰면 'Al Dawlah(State) al Islamiyah(Islamic) fi al Iraq wa al Sham'이 된다. 아랍권에서는 각 단어의 앞 글자만을 따 '다이쉬Daish' 또는

'다에쉬Daeshi'로 부른다. 전체 명칭에서 'Al'은 영어로 'The'에 해당하는 관사다. 'fi'는 영어로 전치사 'in', 'wa'는 접속사 'and'와 같은 역할을 한다. '샴Sham'은 주로 지중해 동부 연안 지역을 지칭하는 데 가장 적합한 영역으로, 영어로는 '레반트Levant'로 번역된다. 레반트는 시리아를 중심으로 레바논과 요르단, 이스라엘, 팔레스타인 등지를 아우르는 영어식 표기의 지역명이다.

이 아랍어 이름은 매우 길기 때문에 IS도 이를 줄여서 'Dawlah(다올라, 국가) Islamiyah(이슬라미야, 이슬람)'라고 한다. 이 단체는 스스로를 지칭할 때 '다올라 이슬라미야'로 부른다. 그러나 서구 언론의 표기는 제각각이다. 아랍어를 영어로 풀어 쓰는 방식이 서로 다르기 때문이다. 그 중에서 가장 널리 사용되는 표현은 'IS(Islamic State)'다. IS를 수식하는 표현은 서로 다르지만 한국과 일본 언론은 공통적으로 '이슬람국가'(IS)로 표기한다.

이 단체의 여러 명칭에는 정치적 색채도 포함하고 있다. 미국과 영국 정부에서는 'ISIL(Islamic State in Iraq and Levant)'로 부른다. 버락 오바마 미국 대통령은 2014년 9월 시리아 내 공습 확대를 발표한 정책 연설 당시 IS 대신 ISIL이라는 명칭을 사용했다. 미국이 내전 양상이 복잡하게 전개되는 시리아 사태에 개입하지 않고 있다는 인상을 주려고 '레반트Levant'의 'L'이 들어간 ISIL을 쓴다는 분석이 지배적이다. 아랍권 위성방송 〈알자지라〉도 ISIL(아이셀)로 부른다. 그러나 CNN 방송 등 미국 다수 언론은 ISIS(Islamic State in Iraq and Shams)로 표기한다. ISIS의 약어 중 마지막 알파벳 'S'가 시리아Syria 첫 글자에서 왔다는 시각도 있지만

IS 이름의 의미(아랍어, 영어)

아랍어 표기	아랍어 발음		영어 표기	한글 뜻
د	Dawlat	다올라	D	국가
ا	Al-Islamiyya	알이슬라미야	A	이슬람
ع	Iraq	이라끄	I or E	이라크
ش	Sham	앗 샴	SH	샴지방(시리아, 레반트 지역)
ISIS	Islamic State in Iraq and Shams(or Syria)			
ISIL	Islamic State in Iraq and Levant			
IS	Islamic State			

IS 깃발과 이슬람 신앙고백

이슬람 신앙고백(샤하다)
알라 외에 신은 없으며 무함마드는 알라의 사도다.

아잔(예배 시간을 알리는 소리)
알라는 가장 위대하신 분이다. 알라 외에 신은 없으며, 무함마드는 알라의 사도다. 예배 드리러 오라. 축복을 받으러 오라. 알라는 가장 위대하신 분이다. 알라 외에는 존재하는 것이 없다.

IS 깃발의 의미

라– 일라–하, 일랄라
(알라 외에 신은 없다)

무함마드 라수–룰라
(무함마드는 알라의 사도다)

샴스Shams가 더 설득력 있다. 우리 외교부에서는 ISIL과 IS를 혼용해 사용하다 현재 ISIL로 통일해서 쓰고 있다.

이 단체가 세계적으로 악명을 떨치면서 여러 에피소드도 생겨났다. 영국의 이슬람 고위성직자들이 "이 테러단체는 이슬람도, 국가도 아니다"라며 IS 대신 '비이슬람국가(UnIslamic State)'라는 뜻의 'UIS'를 쓰겠다고 밝히기도 했지만 호응을 얻지 못했다. 미국의 민간연구기관 과학국제안보연구소(ISIS)는 이름 때문에 피해를 보고 있다며 IS를 ISIS라는 약자로 부르지 말아달라고 공개 요청했다. 벨기에의 한 초콜릿 제조사는 이탈리아-스위스산 이미지를 홍보하려고 2014년 'ISIS' 브랜드 초콜릿을 내놨다. 그러나 불운의 타이밍으로 초콜릿 이름을 회사 소유주의 이름을 따 'Libeert'로 바꿔야 했다.

세계의 여러 정부와 언론은 테러단체로 간주되는 이 조직을 '국가'라고 표현하는 것에 거부감을 표출하기도 한다. 이 조직은 영문 이름을 ISIS와 ISIL로 섞어 쓰다가 2014년 6월부터 IS로 바꿔 표기하기 시작했다. IS 스스로도 'ISIS'에서 'IS'로 명칭을 바꾼다고 공식 선언했고, 한국인 대다수 독자와 일반인은 이 단체를 이미 IS로 부르고 있다. 이 단체의 성격을 규정하는 단어로도 IS가 가장 자주 사용된다. 이러한 관점에서 우리도 이 책에서 IS란 용어를 사용하겠다.

IS 깃발에 숨겨진 이슬람의 상징

이집트에서 살면서 날마다 듣게 되는 아랍어 방송이 있다. 이집트 전역 곳곳의 첨탑에 딸린 스피커나 확성기에서 생방송으로 흘러나오는 '아잔', 무슬림에게 날마다 예배 시간을 알리는 아랍어 방송이다. 이 아잔은 하루에 다섯 번 시간에 맞춰 전국 방방곡곡에서 동시에 방송되기 때문에 메아리처럼 들린다. 처음엔 생소하고 다소 시끄럽게 느껴졌던 아잔이 해를 거듭할수록 익숙해졌다. 무슬림은 하루 다섯 차례의 예배를 의무 사항으로 여기고 있어 이슬람 국가인 이집트에서는 하루 다섯 차례 아잔 소리를 피할 수 없다.

'알라는 위대하다'로 시작해 '알라 이외에 신은 없다'로 끝나는 아잔 소리를 해질녘에 들을 때면 가끔 시처럼 낭송되는 분위기에 상념에 젖기도 하지만 나중엔 그 소리에 익숙해져 무감각해질 때도 많다. 이 아잔 소리에는 이슬람의 신앙과 직결되는 '신앙 고백문'이 포함돼 있다.

무슬림의 종교 의식은 물론 실생활에도 깊숙이 파고든 이 예배의 '신앙 고백문' 핵심 구절은 IS의 상징이기도 하다. 신앙 고백문은 아랍어로 '샤하다'로 불리는데 이 고백문의 핵심 두 구절이 IS의 검은 깃발에 들어 있다. '라 일라하 일랄라(알라 이외 신은 없다)'라는 문구가 깃발 위쪽에 새겨 있다. 그 아래 동그란 흰색 문양 안에는 '무함마드 라수 룰라(무함마드는 알라의 사도다)'란 글귀가 있다.

IS의 깃발은 아이러니하게도 그 조직의 이중성을 상징하기도 한다. 이슬람교도가 과거 부흥기 때 유럽을 정복하면서 오른손에는 쿠란Quran, 왼손에는 칼을 들고 '이슬람이냐 죽음이냐'를 강요했다는 얘기는 지금까지 전해진다. 이 설은 서구에서 퍼져 나온 것으로 사실과는 거리가 멀다. 하지만 IS의 검은 깃발은 '한 손엔 이슬람, 한 손엔 칼'처럼 공포 이미지를 주기도 한다.

IS의 깃발에 들어 있는 신앙 고백문 구절은 이 단체가 유일신 종교를 신봉한다는 점을 분명하게 보여준다. 비록 총과 칼로 무장한 극단주의 세력인데도 일종의 종교적 단체임을 시사한 것이다. 이 때문에 IS를 대놓고 비판하며 '테러단체'라고 주장하는 무슬림은 있어도, 이 깃발을 함부로 발로 짓밟거나 태울 수는 없을 것이다. 신앙 고백문의 내용이 담긴 깃발을 훼손하는 행위는 그들 입장에서 예언자 무함마드를 모독하는 일이 될 수 있기 때문이다.

IS와 이슬람의 관계를 한마디로 정의하기는 불가능하다. 이슬람의 교리와 사상이 상징적이고 누가 해석하느냐에 따라 다른 의미가 부여될 수 있어서다. IS는 이슬람 해석의 미묘함과 다양성, 상대성 등을 교묘하게 이용해 종교를 정치에 이용하고 있다. 즉 이슬람을 정치적으로 이용하는 '정치이슬람(Political Islam)' 조직인 셈이다. 이것이 IS를 이해하는 핵심 키워드다. 서구의 시각으로 IS를 비판하는 많은 사람들은 지금도 정치이슬람의 프레임으로 종교 이슬람의 본질까지 의심하려 드는 경향이 있다.

그러나 IS가 이슬람을 정치적으로 이용하는 것과 종교 이슬람은 다르다. IS가 이슬람의 종교적 본질을 유지하면서도 이슬람의 교리를 교묘하게 이용하고 있다고 보는 게 더 타당하다. 따라서 종교적 본질과 그 종교의 수단화의 차이점을 제대로 보고 분석하는 것이 IS를 객관적으로 바라보고 평가하는 첫걸음이 되지 않을까 한다.

잔혹한 외국인 인질 참수로 존재감 부각

IS가 2014년 8월 미국인 기자 제임스 라이트 폴리를 참수하는 장면은 충격 그 자체였다. 관련 기사를 작성하기 위해 실제 참수가 실행됐는지 최소한의 확인 차원에서 인터넷을 뒤져 관련 영상을 찾아봤다. 영상에 담긴 화면은 그야말로 끔찍했다. 참수 영상은 조작했다고 볼 수 없을 정도로 매끄럽게 편집됐다. 검은색 복면을 한 건장한 체격의 IS 대원이 등장하는 장면과 오렌지색 죄수복 차림의 외국인 인질이 극명하게 대조되면서 강렬한 인상을 줬다. IS는 잇달아 외국인 인질을 살해하고 이를 인터넷에 공개하면서 전 세계에 자신의 존재감을 알리기 시작했다.

사실 이슬람 급진 무장단체가 외국인 인질을 잇달아 참수하기는 IS가 처음이 아니다. IS의 전신 조직이자 이라크에서 악명을 떨친 '타우히드와 지하드단(Jama'at al-Tawhid wa al-Jihad 혹은 JTJ, 유일신과 지하드)'도 2004년 5월~10월 외국인 인질 최소 9명을 참수했다. 이 단체는 참수 영상을 인터넷에 공개하면서 알카에다와 함께 세계적인 테러단체로 이름을 알리게 된다.

2004년 당시 JTJ가 참수한 피해자들은 지금의 IS가 2014～2015년 참수한 외국인의 출신국과 엇비슷한 측면이 있다. 외국인 인질을 특정 기간을 두고 참수한 방식도 흡사하다. IS가 참수의 잔인한 기억을 떠올리게 하는 전략이 아닐까 하는 의심마저 들게 한다. IS가 예고 참수로 세계의 관심을 집중시킨 방식도 'JTJ'와 닮은꼴이다. 미국인 인질을 가장 먼저 살해하는 영상을 공개하면서 파장을 극대화했다. IS도 JTJ처럼 인질을 참수하고 나서 다른 인질 살해를 예고하는 등 8명이 넘는 외국인의 목숨을 잔인한 방식으로 앗아갔다.

미국인 기자 폴리가 IS 대원에 처음 살해되는 장면이 찍힌 동영상은 전 세계를 경악시켰다. 참혹한 영상이 유튜브를 통해 전격 공개됐다. IS가 인질 처형 장면을 직접 공개하기도 처음이었다. 미국을 포함한 국제사회는 처형 상면이 담긴 이 영상 배포에 충격을 감추지 못했다. IS는 폴리 참수 영상을 공개한 지 2주 뒤 또 다른 미국인 기자 스티븐 소트로프 참수 장면을 내보냈다. '지하디 존'은 폴리와 같은 방식으로 소트로프를 살해했다. '지하디 존'은 서구를 "악의 동맹"으로 부르며 미국의 이라크 공습을 거듭 비난했다.

영국인 구호단체 직원인 데이비드 헤인즈의 참수는 국제사회에 더 큰 파장을 일으켰다. 이미 살해된 외국인 두 명이 기자인 것과 달리 헤인즈는 중동지역에서 구호, 봉사 활동을 해왔기 때문이다. 아랍권 일각에서는 서구 출신 기자들의 경우 IS를 염탐하고 정보를 빼내려는 스파이로 간주해 참수를 정당화했을 수 있다는 시각도 존재한다. 그렇지만 구호봉사자 참수는 국제사회의

IS에 대한 공분을 끌어올리기에 충분했다. 결국 미국과 프랑스, 아랍권 5개국은 이 영상 공개 이후 시리아와 이라크 내 IS 근거지를 공습했다.

이라크와 시리아 영토에서 IS의 외국인 참수는 이후에도 두 차례 더 나왔다. IS는 사전 계획을 치밀하게 짜 놓은 듯 또 다른 영국인 구호활동가 헤닝의 참수 장면을 공개했다. IS는 이 영상의 말미에 2013년부터 인질로 잡고 있는 미국인 구호활동가 피터 캐식을 죽이겠다고 위협했고, 실제 실행에 옮겼다.

IS가 일본인 인질 두 명을 참수한 것은 사실 예상치 못한 사건이었다. IS는 시리아에서 일본인 사업가 유카와 하루나와 분쟁지역 취재 전문기자 고토 겐지를 차례로 억류했다. 2015년 1월 인터넷 성명을 통해 인질 몸값으로 2억 달러를 일본 정부에 요구했다가 거절당하자 두 인질을 잇달아 살해했다. 2억 달러는 2015년 4월 중동을 순방하던 아베 신조 일본 총리가 이집트 방문 연설에서 IS 대처 자금으로 지원하겠다고 밝힌 액수다. 그리고 사흘 뒤 IS의 일본인 인질 사태가 터졌다.

이 사건은 IS가 미국과 영국, 프랑스 등 서구 국가뿐만 아니라 아시아 국가를 겨냥해 직접 보복을 가할 수 있다는 점을 시사했다. 일본뿐 아니라 한국도 충격을 받았다. IS가 서구를 넘어 아시아 국가도 공격 목표물로 삼았는지는 불명확하지만 아시아권에서도 IS가 잠재적 위협 단체로 떠오르는 계기가 됐다. 한편으로는 아베 총리가 의도치 않은 IS 자극 발언으로 자국민 인질 사태를 초래했다는 지적도 나왔다.

IS가 시리아에서 미국과 영국 인질을 잇달아 참수하는 사이 북아프리카에서는 프랑스인 희생자가 나왔다. 북아프리카 알제리와 튀니지 국경지대에서 활동하는 IS 연계 단체 '준드 알칼리파(칼리프의 용사들)'가 일을 저질렀다. 이 단체는 2014년 9월 24일 프랑스인 산악가 에르베 구르델을 참수하는 영상까지 내보냈다. 이소속 조직원은 아랍어 성명을 통해 프랑스가 이라크와 알제리, 말리에 군사적으로 개입했다는 것을 살해 명분으로 삼았다. 이번 참수는 IS 연계세력이 북아프리카에서 IS의 잔인한 살해 방식을 모방했다.

이 사건 이후 리비아와 이집트에서 IS 연계세력을 자처하는 이슬람 무장세력이 비슷한 방식의 참수 장면을 잇달아 인터넷에 공개했다. 기독교인, 이스라엘 스파이, 미국을 중심으로 한 서구 또는 자국 독재정권의 첩자 등의 이유를 대며 참수했다.

IS 공습 작전에 참여했다가 전투기 추락으로 IS에 생포된 요르단 조종사 무아스 알카사스베Muath al-Kaseasbeh 중위 살해는 아랍권에서 가장 큰 분노를 촉발한 사건이었다. 가장 잔인한 방식으로 살해했기 때문이다. IS가 공개한 동영상에는 알카사스베가 오렌지색 죄수복을 입은 채 검은색 쇠창살 안에서 불에 타 고통스러워하는 장면까지 담겨 있다. 복면을 한 IS 대원이 알카사스베 중위의 옷에 불을 붙이자 그는 철창 안에서 화염에 휩싸였다. IS는 나중에 그의 시신과 쇠창살을 불도저로 밀어 그대로 땅에 묻어버렸다. IS는 '요르단 내 무슬림이 다른 요르단 조종사를 죽이면 100디나르(IS 자체 화폐)를 주겠다'고도 했다.

이 영상이 공개된 뒤 중동권의 정치인과 종교 지도자 사이에서는 '같은 방식으로 IS에 보복해야 한다'는 강경한 견해가 쏟아졌다. IS가 요르단 조종사를 불에 태워 살해한 것은 아랍권의 분노를 대대적으로 촉발시킨 사건이었다. IS의 처형 방식이 이슬람 율법을 어겼다는 아랍인의 분노에 찬 목소리가 봇물 터지듯 나왔다. IS가 인질 중에 화형으로 처형한 첫 대상이 아랍인이어서 이슬람권의 충격파는 더욱 컸다. 아랍권에서 IS에 대한 분노와 함께 공포심이 커진 결정적 계기도 됐다.

중동의 대부분 국가에서는 교수형이나 투석형과 같은 사형제가 있다. 그러나 사람을 산 채로 불에 태워 죽이는 화형은 존재하지 않는다. 게다가 이슬람 율법에도 위배된다고 이슬람 학자들은 말한다. 수니파 대국인 이집트의 최고 종교기관 알아즈하르는 이 사건 직후 IS를 '신과 예언자 무함마드의 적'으로 규정했다. 알아즈하르는 IS를 이슬람 경전 쿠란에 따라 사형에 처하고 십자가에 매달아 죽이거나 팔을 자르는 형벌을 받아야 한다고 극단적인 발언도 서슴지 않았다. 이슬람권 57개국으로 구성된 이슬람협력기구도 IS가 전쟁 포로의 권리를 망각한 조치라고 맹비난했다. 요르단 정치인 무함마드 알루산은 레바논 TV와 인터뷰에서 "IS 대원의 자녀와 여성 들을 죽이자"고 주장하기까지 했다.

이집트에서 우리가 만난 수많은 무슬림은 한결같이 IS의 요르단 조종사 살해 방식은 "이슬람의 교리에 어긋나는 행동"이라고 분노했다. 이슬람 교리에 따르면 무고한 외국인과 주민은 살해하지 말아야 하는데 IS는 오히려 이를 실행에 옮겼고, 이슬람을 공포심 조성과 권력 수단으로 이용했다는 것이다. '이슬람과 IS의 폭력성에 어떤 연관성이 있느냐'고 물으면 그들은 한결같이 "전혀 관련이 없다. 이슬람은 폭력의 종교가 아니다"라고 항변했다. IS 조직 하나 때문에 이슬람교도 전체가 비판을 받는 분위기에 강한 거부감을 표시한 것이다.

인류 문화유산 파괴로
전 세계 분노 증폭

시리아는 중동에서 한때 '살아 있는 박물관'이라고 불리기도 했다. 200여 곳에 7000년 전까지 거슬러 올라가는 역사적, 고고학적 유적이 남아 있기 때문이다. 이라크 국경에서부터 유프라테스 강을 따라가면 그 일대에 고대 문명의 흔적이 남아 있다. 세계 문화유산의 보고로 여겨지는 이유다. 이러한 문화유산의 나라인 시리아에서 고대 유적 도시 팔미라(현 명칭 타드무르)는 '사막의 진주' 또는 '사막의 신부'로 불릴 정도로 최고의 관광 명소로 꼽혔다. 시리아의 로마시대 유적지 중에서 보존 상태가 가장 양호한 편이어서 2011년 시리아 내전이 벌어지기 전만 해도 세계 각지에서 오는 관광객의 발길이 끊이지 않았다. 장엄한 성채와 신전의 모습은 초현실적인 신비로움까지 선사한다는 평가를 받았다

그런 팔미라가 IS에 의해 무참히 짓밟혔다. IS는 '사막의 오아시스'로 불린 팔미라를 파괴했다. 그리고 2015년 5월 팔미라를 점령한 직후 2000년 된 사자상을 하루아침에 날려버리기도 했

다. 팔미라 박물관 앞에 서 있던 '알랏의 사자상'은 이슬람 시대 이전의 것이다. 당시 숭배하던 아랍 여신 '알랏'의 이름을 따왔다. 시리아 문화재청은 사자상 파괴를 우려해 주변에 금속판과 모래주머니를 둘러뒀으나 소용이 없었다. IS는 유서 깊은 유적에는 손을 대지 않고 다신교와 관련된 조각상만을 부수겠다고 했지만 이를 뒤집었다.

IS에 파괴된 팔미라의 '바알 샤민' 신전은 이 일대에서 가장 유명한 유적 중 하나다. 기원후 17년 페니키아의 폭풍과 비의 신을 위해 세워진 것으로 사막 한가운데 우뚝 솟은 웅장한 자태에 '사막의 진주'란 별칭을 갖고 있다. IS는 이런 세계 유산을 폭파했고, 그 장면을 사진으로 찍어 공개했다.

더욱이 IS는 팔미라 유적 연구에 평생을 헌신해 온 시리아의 82세 노학자 칼리드 아사드를 살해하고 그 시신을 유적지 기둥에 매달아 세계 고고학자들을 경악케 했다. 이후에도 IS는 팔미라의 또 다른 유명 신전인 '벨 신전'과 고대 탑무덤 3기도 파괴했다. 탑무덤 중에는 기원후 103년에 세워졌지만 보존 상태가 가장 좋고 아름답기로 소문난 '엘라벨의 탑'도 포함돼 있어 안타까움을 더하고 있다.

IS는 시리아 내 유네스코지정 세계문화유산인 십자군 성채 '크락 데 슈발리에' 등 다른 고대 유적이나 다른 종교 시설은 물론 시아파 사원, 수니파 성지 등 이슬람 관련 시설도 훼손했다.

IS는 메소포타미아 문명 발상지인 이라크에서도 유적을 파괴했다. IS는 자신의 조직 이름을 알리기 시작한 2014년부터 고대 아시리아 제국 유물을 다수 보유한 '모술시 박물관'이나 고대 도시 '하트라' 등 주요 유적지 파괴를 암시했다. 그리고 실천에 옮겼다. 하트라는 2300년 역사를 자랑하는 이라크의 대표 유적지 중 하나다. 유네스코가 정한 세계유산이기도 하다. 하트라는 고대 파르티아 제국의 거대한 원형 요새도시이자 최초의 아랍 왕국의 수도였다. 그런 하트라가 불도저에 밀려 역사 속으로 사라졌다.

앞서 IS는 모술 박물관의 석상과 조각품을 해머로 깨부수는 영상을 내보냈다. 모술 도서관과 대학에 있는 고서적을 불태우기까지 했다. 이라크 북부에 있는 고대 아시리아 도시 '님루드'의 유적도 대형 군용차량을 동원해 부수고, 또 다른 고대도시 '코르사바드' 유적지도 폭파했다.

고대 유적 파괴 행위를 동영상으로 녹화해 공개하면서 IS는 세계 언론의 주목을 다시 한 번 받았다. 사실 IS의 세계 문화재 파괴는 조직을 전 세계에 알리려는 잔인한 홍보 전략 중 하나다. IS는 국제적으로 지탄받으면서 이러한 전략을 포기하지 않고 있다. 되려 IS는 유물 파괴 사실을 성명 발표와 사진 공개로 자인하는가 하면 폭발물과 중장비까지 동원해 유물 파괴 장면을 인터넷에 올리는 만행을 저지른다. 당연히 국제사회의 거센 비난이 쏟아졌다. 유네스코는 IS의 유적 파괴에 대해 "문화유적을 의도적, 조직적으로 파괴하는 행위는 전쟁범죄"라고 강도 높게 비판했다. 고고학자들은 IS의 전례 없는 '문화 청소'에 분노했다.

파괴된 유적들은 이라크, 시리아인만의 것이 아니라 세계적인

문화유산이다. IS는 내다팔 수 없는 유물은 파괴하거나 폭파시키면서 밀매가 가능한 유물은 약탈해 돈을 벌어들이고 있다고 전문가들은 말했다. 실제로 터키 남부에서 IS 점령지의 주민과 접촉한 뒤 〈뉴욕타임스〉에 기고한 전문가 3명은 IS의 유물 도굴 행위를 고발한 적이 있다.

IS의 유적, 유물 파괴 명분은 우상숭배다. 이슬람 율법을 자의적으로 엄격히 해석해 고대 유적과 유물까지 '우상'으로 규정한 것이다. 많은 이슬람 성직자와 정통 이슬람 학자 들은 IS의 이런 우상숭배 논리에 동의하지 않는다. 이슬람 시대 이전의 고대 유적은 사람이나 동물 형상을 한다 해도 우상숭배의 대상이 아닌 문화유산 일부일 뿐이라는 것이 일반 이슬람 학자들의 주장이다. 이집트의 대표적 이슬람기구 가운데 하나인 '다르 알이프타'도 "박물관에 있는 고대 석상을 부수는 것은 신앙에 대한 무지를 드러낸 것"이라고 IS 유적 파괴 행위를 비판했다.

IS의 이런 비상식적 행위는 그들의 건재함을 내세우면서 세계 각국에 있는 이슬람 급진주의자의 관심을 유도해 이들의 시리아행을 유도할 수 있다. 실제 IS는 지난 1년간 유적 파괴에 따른 국제사회의 시선을 한몸에 받으면서 IS의 존재감과 극단적 이슬람 사상을 세계에 널리 알렸다. 이로써 IS는 이라크와 시리아에서 자신의 독자적인 권력 장악과 지배 체제를 더욱 공고히 하는 동시에 알카에다, 시리아 반군인 누스라전선 등 다른 이슬람 무장 조직과 차별화하는 전략을 구사했다.

결국 IS는 유적 파괴를 통해 자신의 의도인 고도의 선전전을 펼친 것으로 해석할 수 있다. 카이로아메리칸대학(AUC)에서 '테러리즘' 수업을 담당한 마르코 핀파리Marco Pinfari 정치학과 교수는 "IS는 그들의 극단적 사상과 이념을 선전하고자 잔혹하고 선정적 장면을 노출하고 있다"고 분석했다.

테러의 세계화, '외로운 늑대' 그리고 '테러의 조직화'

'테러 단체'나 '글로벌 지하디스트'라 하면 먼저 국제 테러조직의 대명사인 알카에다나 IS를 떠올리기 쉽다. 치밀한 테러 계획과 작전에 따라 일사분란하게 움직이는 집단이라는 이미지가 우리 머릿속에 각인돼 있기 때문이다. 그러나 이들보다 서구에 더 위협적인 것이 있다. 평범한 민간인을 겨냥해 예측 불가능한 시점에 테러를 저지르는 '외로운 늑대(lone-wolf)'다. 대개가 극단적 이슬람주의인 '외로운 늑대'들은 2001년 9.11테러처럼 조직적으로 대규모 공격을 수행할 수는 없다. 하지만 범행 시점과 자신의 존재를 숨길 수 있고 타깃이 누구인지 전혀 알 수 없어 더욱 위협적이면서도 공포심까지 자아내는 효과가 있다.

IS의 공포가 세계적으로 확산된 데에는 자생적 테러리스트, 즉 외로운 늑대들의 무차별 공격이 한 축을 담당한다. 중동과 아시아, 아프리카 대륙을 제외하고 미국과 유럽에 IS지부를 표방하는 조직은 아직 없다. 그 대신 IS가 본격적으로 활동한 2014년부터 서구에서는 굵직한 '외로운 늑대'형 테러 사건이 연쇄적으로 발생했다. 프랑스의 〈샤를리 에브도〉 테러, 미국 텍사스 총격 사건, 호주 시드니 카페 인질 사건 등이 대표적이다. IS는 서구에서 일어난 이러한 일련의 테러 사건의 배후를 자처하거나 자신의 지지자들이 세계 도처에 깔려 있다고 위협을 가했다.

IS 추종 세력과 극단적 이슬람주의자들이 최근에 벌인 충격적인 사건은 프랑스의 시사 만평지 〈샤를리 에브도〉와 '유대인 식료품점' 총격 테러 사건이다. 프랑스에서 태어나 자란 쿠아치 형제는 2015년 1월 샤를리 에브도 사무실에서 총기를 난사해 12명을 사살했다. 샤를리 에브도는 이슬람 예언자 무함마드의 만평을 실어 그동안 극단주의 이슬람주의자의 위협을 받아온 만평 잡지사다. 테러범은 자신들이 쏜 총탄에 맞아 바닥에 쓰러져 살려달라는 경찰관에게 다가가 조준 사격하는 잔인성까지 드러냈다.

이 사건 발생 이틀 뒤 아메디 쿨리발리라는 무슬림 청년은 파리의 유대인 식료품점에서 인질극을 벌이는 도중 유대인 다섯 명을 총으로 쏴 죽였다. 조사 결과 쿨리발리는 IS에 이미 충성을 맹세했던 것으로 드러났다. 프랑스를 발칵 뒤집은 두 연쇄 테러 사건은 생중계까지 되면서 프랑스 전 국민뿐만 아니라 전 세계에 큰 충격을 안겼다. 사실 프랑스는 IS가 미국 주도의 '십자군 동맹'으로 지목한 국가 중 하나다. 프랑스는 이라크에서 미국이 이끄는 IS 공습 작전에 적극 참여했다. 프랑스 당국은 시리아, 이라크 등지의 이슬람 극단주의 단체에 합류한 자국민이 1000~2000명에 달하고, 이 중 약 200명이 돌아온 것으로 파악하고 있다.

미국도 2015년 5월 '미국 판 샤를리 에브도' 사건으로 '외로운 늑대'의 공포를 실감했다. 미국인 이슬람교도 두 명이 텍사스 주 댈러스 인근 갈랜드의 무함마드 만평 전시장을 향해 무차별 총격을 가한 것이다. 경찰의 즉각 대응에 범인 두 명은 현장에서 사살됐다. IS가 나중에 이 사건이 자신들의 조종에 따른 것이라고 주장하자 미국은 테러 비상에 걸렸다.

그해 1월에는 미국 오하이오 주 신시내티에 거주하는 크리스토퍼 코넬이 미 의사당 총격 테러를 기도했다가 미연방수사국(FBI)에 체포된 적이 있다. 이슬람으로 개종한 코넬은 IS를 추종해 온 전형적인 '외로운 늑대'로 파악됐다. 미국 정부는 2015년 들어 IS와 연계된 테러 용의자들이 체포되거나 범행 미수에 그친 사건들로 골머리를 앓았다

IS의 발원지인 중동과 북아프리카 역시 '외로운 늑대' 테러로 몸살을 앓고 있다. 특히 유럽인이 휴가 때 즐겨 찾는 지중해의 북아프리카 국가 튀니지에서는 '박물관 테러'와 '휴양지 테러' 사건으로 영국인과 프랑스인 등 유럽 관광객이 다수 목숨을 잃었다. 2015년 6월 28일 튀니지 지중해 연안 휴양지 수스호텔 해변에서 발생한 사건은 '외로운 늑대'의 공포를 또다시 전파한 참사였다. 튀니지 국적의 한 청년은 대낮 해변을 따라 걸어 다니며 AK소총으로 무차별 총격을 가해 최소 38명이 사망했다. 사망자 중 다수는 파라솔이 펼쳐진 모래사장에서 일광욕을 즐기던 관광객이었다. 범인은 출동한 경찰의 총에 맞아 현장에서 사망했다.

그해 3월 튀니지 수도 튀니스에 있는 바르도국립박물관에서도 끔찍한 사건이 발생했다. 튀니지 국적의 청년 두 명이 박물관 안

팎에서 총기를 난사해 외국인 관광객 17명을 포함해 22명이 숨진 것이다. IS는 튀니지 내 유럽 관광객을 공포에 몰아넣은 두 사건 모두 자신들의 소행이라고 밝혔다. 튀니지 정부는 일련의 관광객 피살 사건으로 국가 비상사태까지 선포했다.

프랑스와 인접한 벨기에에서는 '샤를리 에브도' 총기 난사 사건이 이뤄진 다음날 테러 공격을 시도한 청년 두 명이 경찰에 사살됐다. 사살된 둘은 이슬람 극단주의자로 판명됐다. 이 사건 다음 달 덴마크 코펜하겐에서는 '샤를리 에브도' 테러를 모방한 사건으로 유명 만평가와 유대인 두 명이 총격을 받고 사망했다. 같은 해 8월에는 프랑스 파리 행 고속열차에서 한 모로코 청년이 총기를 난사하려다 미국인 승객들에 제압됐다. 이 사건은 자칫 대형 참사로 번질 수도 있었으나 미수에 그치면서 다행히 숨진 사람은 없었다. 빔행을 계획한 청년은 시리아를 다녀왔으며 범행 직전에는 지하디스트 동영상을 본 것으로 조사됐다.

미국의 우방인 호주 시드니에서는 2014년 12월 이슬람 극단주의자가 도심 카페에서 16시간 동안 인질극을 벌여 세상을 놀라게 했다. 이 범인은 카페 직원과 손님 17명을 인질로 붙잡고 특공대 경찰과 대치한 끝에 사살됐고, 직원 둘도 목숨을 잃었다. 캐나다에서는 2014년 10월 IS 추종자가 오타와 국회의사당에 난입해 총기를 난사하는 사건이 일어난 적이 있다.

'외로운 늑대'의 특징은 대범하고 잔인한 방식으로 대낮 테러를 감행한다는 점이다. 인구 이동이 많은 만큼 살상 수준을 극대화하고 세계 언론의 주목을 더 잘 받을 수 있기 때문으로 보인다.

이러한 범행들은 이후 IS의 선전전에 자주 이용된다. '외로운 늑대'가 주요 타깃으로 정한 국가와 피해자를 보면 미국 주도의 이라크 시리아내 IS 공습에 직접 가담한 서구 국가가 대부분이다. 영국과 프랑스, 호주, 캐나다 등이 그렇다. IS는 서구를 '십자군'으로 지칭하며 추종자에게는 현재 머무는 곳에서 '지하드 전사'가 돼 칼리프 국가 만들기에 동참하라고 부추기고 있다.

미국과 유럽인을 겨냥한 '외로운 늑대'형 테러는 2014년 9월 미군이 이끄는 연합군이 IS의 시리아, 이라크 거점을 공격한 이후 더 자주 발생했다. IS는 연합군 공격을 받고 나서 "미국을 비롯한 서구를 공격하라"는 지령을 내렸다. 아부 무함마드 알아드나니 IS 대변인은 구체적인 수법을 제시하기도 했다. 돌로 머리를 치거나 자동차로 공격하기부터 독약 사용, 참수 등 수단과 방법을 가리지 말고 보복에 나서라고 지시한 것이다.

IS는 서구 진영을 '불신자' 또는 '십자군'으로 낙인찍고 나서 공격의 표적으로 삼고 있다. 서구를 이슬람의 신성을 해치는 침략자이자 훼방꾼으로 규정해 스스로를 이슬람교와 무슬림의 수호자로서 이미지를 세탁하려는 전략이다. 이 전략은 서구 영토에 살면서 주로 백인 주류 사회로부터 멸시와 소외를 받는 청년 무슬림을 선동하는 효과를 노릴 수 있다. IS는 주변 아랍국과 국제사회로부터 고립당하면 당할수록 이 같은 '외로운 늑대'형 테러 전략에 더 의존할 것이다. 서구 곳곳에서 '외로운 늑대'의 테러는 IS의 공포를 제한된 여건에서 전 세계적 수준으로 확산시킬 최적의 도구일 수 있기 때문이다.

IS가 사회적 차별과 소외 등의 현상을 악용해 젊은이들을 '외로운 늑대'로 몰고 간다는 학계의 연구 결과도 있다. 미국 로드햄대 로스쿨 국가안보센터 연구팀은 2015년 7월 발표한 보고서에서 미국에서 자생하는 IS 추종자들이 IS에 합류하는 것보다 미국 내에서 '지하드'를 전개하는 쪽으로 방향을 바꾸고 있다고 설명했다.

2015년 말에는 '외로운 늑대'의 조직적 대형 테러 사건이 잇달아 발생했다. 2015년 11월 13일 파리 도심 여섯 곳에서 IS 추종자들의 동시다발적 공격으로 최소 130명이 사망했다. 앞서 10월 31일에는 이집트 시나이반도 북부에서 러시아 여객기가 추락해 탑승객과 승무원 등 224명 전원이 목숨을 잃었다. IS는 사고기 기내에 설치했다는 사진까지 공개하며 자신들의 소행이라고 주장했다.

IS정의하기

IS조직을 한 가지 시각으로 규정하기는 어렵다. IS를 바라보는 관점에 따라 또 IS의 행동과 역할을 어떻게 해석하느냐에 따라 달라질 수 있기 때문이다. 중동의 특수한 역사성 또한 고려하지 않을 수 없는 중요 변수다. 서구에서는 IS를 두고 '극단주의적 이슬람 사상에 심취한 과격 무장대원들의 모임'이란 프레임이 강하게 작용한다. 반면 중동에서는 급진적으로 정치적, 사회적 변화를 도모하려는 무장단체 정도로 인식하는 경향이 있다.

서구의 시각에서는 '이슬람 극단주의 테러단체'로 이미지를 이미 굳힌 상태다. 서구국가들이 IS 사태를 논의할 때면 주제는 으레 '어떻게 격퇴하느냐'에 초점이 맞춰져 있다. 반드시 소멸돼야 할 무장단체로 인식된 것이다. IS는 서구 인질의 잇단 참수 영상을 공개하고 민간인을 겨냥한 무차별적 테러 사건 배후를 자처하면서 회복 불능의 국제 테러단체로도 낙인이 찍혔다.

중동에서 IS를 바라보는 시선은 조금 다르다. 무고한 인질 참수로 '극악무도한 테러단체'라는 표현에 이의를 제기하지는 않더라도 중동의 많은 언론인과 정치학과 교수 들은 IS를 일종의 정치적 운동 조직으로 정의하고 있다. 이라크와 시리아의 독재 정권, 부패, 종파 갈등에 따른 사회적, 정치적 불만, 외부의 군사적 개입이 IS의 탄생을 이끌었다는 보는 것이다. 이러한 시각은 IS가 토착의 무장 민병대란 정의를 정당화한다.

한쪽에서는 무정부주의 단체란 의견을 내놓기도 한다. 이라크와 시리아의 정권을 반대하며 무정부주의를 추구하는 사상이 IS 지도부에 기본적으로 깔려 있다는 이유에서다. 하지만 IS 스스로 국가 건립을 추구하는 단체인데다 무정부 상태를 원하지 않는 만큼 이런 견해는 설득력이 약하다. 시리아와 이라크 정부도 정권 타도를 목표로 삼은 IS를 반정부 성향의 무장단체로 규정할 뿐 '무정부주의 단체'라고 정의한 적은 없다.

이처럼 IS의 성격을 한마디로 정의할 수는 없다. 그러나 동서양의 공통된 인식은 IS가 공식 '국가(State)'를 수립하지 못한 상태이며 앞으로도 유엔이 승인하는 국가로 남지 못할 것이란 점이

IS를 바라보는 두 가지 시각

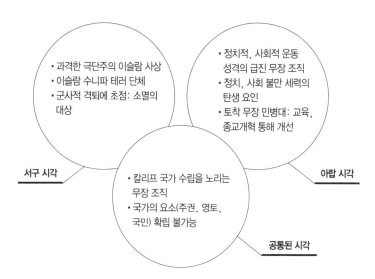

서구 시각
- 과격한 극단주의 이슬람 사상
- 이슬람 수니파 테러 단체
- 군사적 격퇴에 초점: 소멸의 대상

아랍 시각
- 정치적, 사회적 운동 성격의 급진 무장 조직
- 정치, 사회 불만 세력의 탄생 요인
- 토착 무장 민병대: 교육, 종교개혁 통해 개선

공통된 시각
- 칼리프 국가 수립을 노리는 무장 조직
- 국가의 요소(주권, 영토, 국민) 확립 불가능

다. 국가로 인정을 받으려면 우선 주권과 영토, 국민이 있어야 하고 국경이 명확해야 하는데 지금 상황에서는 IS가 이러한 요건을 모두 충족하지 못했다. IS가 겉으로는 국가 형태를 띠고 있지만 실제 상황에서는 그렇지 못하다는 평가가 지배적인 이유이기도 하다.

서구와 중동 양측에서 볼 수 있는 IS에 관한 또 하나의 공통된 시각은 '칼리프 국가 건립을 바라는 무장조직' 정도의 개념이다. IS는 탄생 시기 때부터 '칼리페이트(Caliphate)' 즉 칼리프가 통치하는 이슬람국가 건설을 목표로 삼았다고 주장해 왔다. 그러나 평범한 다수의 이슬람교도는 IS가 '이슬람을 잘못 해석하고 악용하고 있다"며 IS에 이슬람이란 단어를 적용해서는 안 된다는 입장이다.

IS의 실체와 현황

이라크와 시리아의
점령지 현황과 전투력

　2014년 6월 29일, IS는 이라크 북부에 있는 제2의 도시 모술을 점령했다. 이 점령은 IS가 그 실체의 존재를 처음으로 공개적으로 알린 사건이다. 이후 IS는 이라크와 시리아에서 빠르게 영토를 확장했다. 지금은 이라크와 시리아에 걸쳐 영토를 확보하고 있다. 세계지도에 나오는 이라크와 시리아의 국경선은 사실상 사라졌다. 최근 IS 점령지 분석 자료에 따르면 IS는 이라크에서 약 33퍼센트의 영토를, 시리아에서는 약 35퍼센트의 영토를 각각 차지했다. IS 전체 점령지 면적은 대략 20만 9500제곱킬로미터로 한반도와 비슷하고 영국 영토보다 조금 작다. IS 점령지에서는 전체 400만여 명의 이라크인과 시리아인이 있는 것으로 추정된다. 그러나 이라크 시리아 점령지 주민들이 고향을 떠나면서 실제 거주민 수는 갈수록 줄어드는 형편이다.

IS는 공개적으로 건국을 선포하면서도 공식 수도는 발표하지 않았다. 다만 시리아 락까 주의 주도인 락까 시에 슈라위원회 등 주요 핵심 기관이 있어 락까를 수도로 여기고 있다. 이라크만 보면 제2의 도시 모술이 수도 역할을 하고 있다. IS는 이라크 서북부, 시리아 북부 지역에서 각 정부군, 쿠르드군과 전투를 벌이며 일진일퇴하는 양상을 보이고 있다.

IS 전체 대원수는 각국 정보기관, 언론사마다 약간씩 다르지만 대체적으로 2만~5만 명에 달할 것이란 관측이 지배적이다. 유엔 안전보장이사회의 분석지원 및 제재감시팀(ASSMT)이 2015년 5월 안보리에 제출한 보고서를 보면 IS와 알카에다 등 이슬람 극단주의 무장 단체에서 활동하는 외국인 전사는 90여 개국(이라크, 시리아 제외) 출신, 2만 5000여 명에 이른다.

IS는 외국인 대원 말고도 이라크인, 시리아인으로 2만 명 안팎의 대원을 보유한 것으로 추정된다. IS의 한 간부는 IS에 가입하려는 한 프랑스 여기자에게 "10만 명이 넘는 군사조직"이라고 말하기도 했다. 쿠르드 자치정부에서는 IS 대원 수가 20만 명에 달한다는 언급도 나온다. 그러나 이는 북아프리카와 중동에 있는 IS 충성 조직원의 수까지 포함한 과장된 수치일 가능성이 크다.

다만 한 가지 분명한 점은 IS가 2014년 6월 칼리프 국가 수립을 선포한 이후 외국인 대원 수가 증가했다는 것이다. 2006년 미국 국무부의 추정치에 따르면 IS 대원 수는 2006년에는 1000명을 약간 넘었다. 하지만 2011년에는 IS 대원 수가 최대 2000명까지 늘었다. 2014년에는 IS 대원수가 6000~1만 명에 달할 것으로 아랍권 위성방송 〈알자지라〉는 보도했다. 같은 해 이라크에 6000명, 시리아에 3000~5000명의 IS 대원이 활동하고 있다는 〈이코노미스트〉의 보도도 나왔다.

2014년 9월 미국 CIA가 공개한 자료에 따르면 IS의 규모는 2만~3만 1500명으로 추정됐다. 이 수치가 전 세계 언론에서 가장 많이 인용되고 있다. 그러나 미국을 중심으로 한 연합군이 이라크와 시리아의 IS 거점을 계속 공습하면서 IS 대원 사망자가 속출, 현재의 실제 대원 수는 이 수치보다 더 적을 것으로 예상된다. 미국 〈USA투데이〉는 미군과 정보 당국자의 말을 인용해 연합군 공습으로 2014년 8월부터 1년간 IS 대원 사망자가 1만 5000명에 달할 것으로 보도했다.

IS의 전투력은 구체적으로 확인되지 않았다. 다만 IS가 이라크 모술을 점령할 당시 미군이 이라크군에 지원한 무기를 대거 취득한 것으로 추정된다. 이때 IS는 M16A1, M4A1과 같은 개인화기부터 M249기관총, FIM-92 스팅어 미사일, M1117 장갑차, M113 APC 등 중화기와 기갑 장비도 획득했다. 이라크 총리는 모술이 함락되면서 미군 군용 차량 2300대가 IS의 손에 넘어갔다고 밝히기도 했다. IS는 시리아로 영역을 확장하면서 시리아 반군에 제공돼 온 다량의 무기도 확보했다. IS는 AK-47 소총, 로켓추진식수류탄(RPG)-7 등의 재래식 무기는 물론 차량 폭탄, 급조

IS 점령 현황

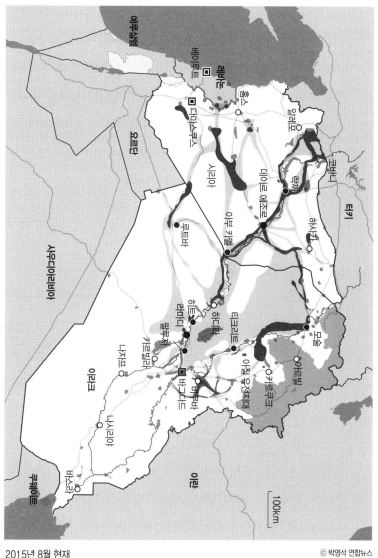

2015년 8월 현재

© 박영석 연합뉴스

- ■ 장악지역
- ▨ 간접권
- ▨ 공격지역

폭발물(IED), 터널 폭탄, 화학탄 등도 보유했다.

IS의 한 무장대원이 한국에서 제작된 K-2C 소총을 발사하는 장면이 찍힌 사진이 공개돼 화제가 된 적도 있다. 이 소총은 국군의 주력 개인화기인 K-2를 개량한 것으로, 이라크 특수부대용으로 수출되었다고 알려졌다. 최근엔 IS가 방사성 물질을 이용한 '더티 밤'을 개발하려 한다는 의혹도 제기됐다. IS가 시리아와 이라크 공군기지 몇 곳을 점령했지만 이를 운용할 만한 전문 인력이나 공군력은 갖추지 못한 것으로 보인다.

북아프리카와 중동에 걸친
'IS 벨트'

IS의 테러 공포는 중동과 북아프리카를 중심으로 12개 연계 조직이 존재하면서 갈수록 확산되고 있다. 동쪽으로는 아프가니스탄, 서쪽으로는 알제리까지 거대한 'IS 벨트'가 중동의 횡축으로 자리 잡는 모양새다. 그 사이에는 이라크, 시리아, 예멘, 이집트 시나이반도, 리비아, 튀니지 등이 위치해 있다. 아프리카부터 아시아 대륙 사이 곳곳에 IS의 분산형 네트워크가 구축됐다는 분석이다. 특히 북아프리카 중심부에 있는 리비아는 북아프리카의 새로운 IS 거점 국가로 떠올랐다. IS의 리비아 지부를 자처하는 무장단체는 서부 데르나에 거점을 두고 동부로 세력을 확장, 무아마르 카다피 전 국가원수의 고향인 시르테까지 진격했다.

아프리카의 악명 높은 이슬람 극단주의 세력들이 IS 충성 서약에 앞장섰다. 나이지리아의 이슬람 무장단체 '보코하람'과 이집트의 '안사르 베이트 알마크디스(약어 알마크디스)', 알제리의 '알무라비툰' 등이 그들이다. 알마크디스는 2014년 초 이집트 시나이반도 타바 국경지대에서 한국인 탑승 관광버스를 노리고 자살 폭탄 공격을 감행하면서 널리 알려진 단체다. 당시 테러로 한국인 세 명과 이집트인 한 명이 목숨을 잃었다. 알마크디스는 당시 "우리 대원 한 명이 이스라엘로 향하는 관광버스 폭발에 성공했다"며 "이는 국고를 약탈하고 국민의 이익을 돌보지 않는 배신자(이집트) 정권을 상대로 한 경제전쟁의 하나"라고 주장했다.

시나이반도에서는 2014년부터 2년간 연쇄 폭탄 공격과 총격 테러로 군인과 경찰 수백 명이 숨지거나 다쳤다. 이 역시 IS 연계 단체로 의심받는 알마크디스 세력의 소행으로 추정된다. 이 단체는 IS에 충성 서약을 한 뒤 이름을 '시나이지방'으로 바꿨다. 이 단체는 이후 이집트 시나이반도 북부에서 러시아 여객기 추락으로 224명이 숨진 참사의 배후를 자처하기도 했다.

2015년은 북아프리카에서 IS 연계 세력의 테러 공격이 집중적으로 발생한 해였다. IS가 외부로 세력을 확장하고 있다는 건 겉으로 보기에도 뚜렷하다. IS가 활동하는 이라크와 시리아에서 외국인 인질 참수와 자살 폭탄 공격이 빈번하게 일어났지만 북아프리카 중앙에 있는 리비아에서도 이에 못지않은 참극이 잇따랐다.

IS 리비아지부는 이라크와 시리아 두 국가 이외에서 가장 활발하게 활동한 편이다. 2015년 2월 한 해안가에서 이집트 콥트교도

21명을 집단 참수하는 영상을 공개했다. 두 달 뒤에는 리비아 트리폴리 주재 한국대사관과 모로코대사관 등 외국 공관을 공격했다. 실제 IS 대원의 소행인지는 불투명하지만 리비아 내 IS의 위협은 갈수록 커지고 있다.

튀니지에서는 2015년 외국인 관광객을 겨냥한 IS 추종자의 대규모 총격 테러 사건이 두 번이나 발생했다. 튀니지는 국가 비상사태까지 선포하기에 이르렀다. 첫 번째 사건은 그해 3월 튀니지 국립박물관 총격 테러 사건으로 외국인 관광객 등 21명이 숨졌다. 3개월 뒤 유명 휴양지 수스의 한 리조트에서는 한 남성의 총기 난사로 외국인 등 38명이 희생됐다. IS는 두 사건 모두 자신들이 저질렀다고 주장했다. 튀니지에 근거지를 마련한 이슬람 무장단체 '오크바 이븐 나파 여단'은 IS에 충성을 다짐했다.

IS는 이슬람권인 북아프리카에서 신규 대원 모집에 주력하고 있다. 2015년 3월 발행된 IS선전잡지 〈다비크 제8호〉에 따르면 IS는 세를 확산하기 위해 리비아뿐만 아니라 튀니지, 알제리, 이집트 시나이반도, 서부 아프리카에서 대원 모집을 적극적으로 홍보했다. 〈다비크〉는 또 '샤리아(이슬람 율법)만이 아프리카를 통치할 것'이란 제목의 기사에서 민족주의에 반대해 아프리카를 공략하겠다는 뜻을 노골적으로 드러냈다. 이에 부응한 듯 나이지리아 북부에서 활동하는 보코하람은 접촉 한 달 만에 IS에 충성을 맹세했다. 북서아프리카에서는 처음 IS 대열에 합류한 것이다. 보코하람은 애초 알카에다 연계단체를 자처했다가 IS의 세가 커지자 신봉하는 단체를 IS로 아예 바꿔버렸다.

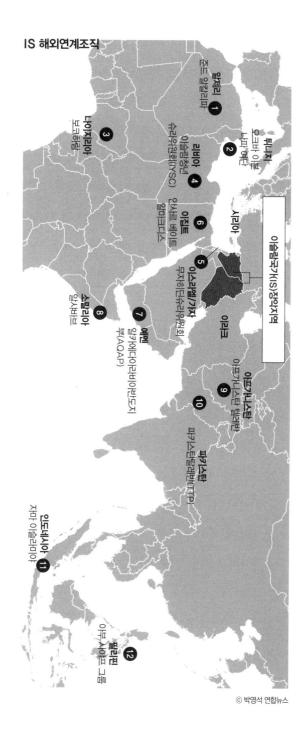

IS 해외연계조직

이슬람국가(IS)장악지역

- 알제리
준드 알칼리파 **①**
- 튀니지
오크바 이븐
나파 여단 **②**
- 나이지리아
보코하람 **③**
- 리비아
이슬람청년
슈라위연합(IYSC) **④**
- 이집트
안사르 베이트
알마크디스 **⑥**
- 시리아
- 이스라엘/가자
무지히딘슈라리위협(약회) **⑤**
- 이라크
- 소말리아
알사바브 **⑧**
- 예멘
알카에다아라비아반도지부(AQAP) **⑦**
- 아프가니스탄
아프가니스탄탈레반 **⑨**
- 파키스탄
파키스탄탈레반(TTP) **⑩**
- 인도네시아
자마 이슬라미야 **⑪**
- 필리핀
아부 사야프 그룹 **⑫**

ⓒ 박영석 연합뉴스

IS 지지 무장단체는 동아시아에서도 나타났다. 파키스탄과 아프가니스탄, 인도네시아, 필리핀에서 IS 지지 단체가 등장했다. 특히 IS는 파키스탄과 아프가니스탄 일대의 호라산 지역 책임자로 파키스탄탈레반(TTP) 지휘관 출신 하피즈 사이드 칸을 임명했다고 발표하기도 했다. 인도네시아에서는 자마 이슬라미야가, 필리핀에서는 아부 사야프 그룹이 IS 지지를 선언했다. 중동과 아프리카에서 IS를 지지하는 단체 대부분은 과거에 알카에다 연계 세력으로서 이름을 날린 조직이다. IS의 세력 확장과 궤를 같이해 '알카에다 연계'란 꼬리표를 떼고 점차 'IS 지부'로 자신의 조직을 소개하고 있다.

세계 각 지역의 이슬람 무장단체들이 IS에 충성을 맹세하는 이유는 브랜드의 효용 가치 때문으로 보인다. 이들 단체 대부분은 반정부 활동을 전개해 왔는데 악명 높은 IS의 브랜드를 이용하는 것 자체가 정부에 무언의 위협감을 줄 수 있어서다. IS 동조자도 시리아나 이라크에 갈 필요 없이 국내 단체에 쉽게 가입할 수 있는 만큼 대원 모집 면에서도 효과가 크다. 알카에다의 명성이 예전과 비교해 크게 추락하면서 극단주의 성향의 이슬람주의자도 IS의 더 큰 매력에 빠지는 것은 어쩌면 당연하다. 시리아와 이라크의 IS도 자신의 이름을 이용한 각 지역의 단체들이 홍보와 선전전 역할도 해주니 양측이 '윈-윈' 게임인 셈이다. 그러나 각 나라의 IS 지부가 나중에 독자적으로 세력을 키워갈 수도 있는 데다 IS 본부 역할을 하는 이라크와 시리아 조직이 와해되면 'IS 벨트'도 순식간에 흔들릴 가능성도 있다.

칼리프 국가 수립이
궁극적 목표

　　IS의 이라크 모술시 점령은 IS가 그 실체의 존재를 처음으로 공개적으로 알린 사건이었다. IS 최고 지도자 아부 바크르 알바그다디Abu Bakr al-Baghdadi는 모술 장악을 공식 선포하고 '칼리페이트Caliphate(칼리프가 통치하는 국가)' 수립이 IS의 궁극적 목표라고 천명했다. 알바그다디는 자신을 이슬람 공동체의 최고 통치권자를 일컫는 칼리프로 자처했다. 즉 칼리프인 자신이 통치하는 국가가 탄생했음을 선언한 것이다. 아랍어로 '칼리파트 라술 알라(예언자 무함마드의 대리인)'로 불리는 칼리프는 전 세계 이슬람교도의 이상적 공동체인 '움마(Ummah)'의 정치적, 종교 지도자를 의미한다.

　　칼리프는 이슬람교 유일신 '알라의 사도 무함마드의 대리인'이라는 뜻을 지닌다. 예언자 무함마드 사망(632년) 후 그의 종교적·정치적 권한을 이어받아 이슬람 공동체를 다스린 최고 통치자나 다름없다. IS가 알바그다디를 칼리프로 추대한 것은 그를 무함마드의 후계자인 동시에 이슬람권의 통치자로 내세우겠다는 의미다.

　　그렇다면 칼리프 국가는 어떠한 국가를 말하는 것일까? 칼리프 국가는 이슬람 율법에 따라 나라를 다스린다는 게 핵심이다. 알바그다디는 이슬람 황금기인 정통 칼리프 시대(632~661년)로 회귀를 공언했다. 정통 칼리프 시대는 이슬람 예언자 무함마드의 1~4대 후계자가 통치한 시기다. 이슬람은 이 시기에 종교의 체계를 확고히 하고 중동에서 전성기를 맞이했다. IS는 정통 칼리프 시대로 돌아가 이슬람 본연의 가치를 실현하는 국가 건립을 목표로 제시한 것이다.

그러나 현재 IS 점령지 내 주민들의 실상은 반대로 흘러가고 있다. IS의 극단적이고 왜곡된 이슬람 해석은 주민에게 공포심을 심어 주거나 반대파를 탄압하는 수단으로 이용됐다. IS 스스로 '이슬람 극단주의단체' 또는 '과격단체'로 불리는 빌미를 제공했다. IS는 이슬람 율법이 일상생활을 지배할 수 있도록 사법기관과 경찰, 식품 기관 등 여러 조직을 운영하고 있다.

IS는 건국 선포 전부터 이슬람 율법을 따르는 자체 사법제도를 운영해 왔다. 일찌감치 국가의 틀을 갖춰나가려 했다. IS가 점령지를 확대하면서 가장 먼저 설치한 것도 이슬람 법원이다. IS의 지휘를 받는 이슬람 법원은 점령지에서 이슬람을 모욕하거나 이슬람 가치에 반하는 동성애자, 기독교인을 공개 처형하라는 결정을 내렸다. IS는 이슬람 경전인 쿠란과 예언자 언행록인 하디스를 엄격하고 편협하게 해석해 규율을 정하고 이를 지키라고 주민에게 강요했다. 이를 어기면 가혹하게 벌을 내리면서 공포심을 조성, 통제력을 확보했다. 이라크와 시리아 정부군에 협조하는 이들도 이슬람의 이름 아래 간첩죄를 적용해 처단했다.

IS는 별도의 종교경찰까지 둬 현지 주민을 밀착 감시하고 있다. 종교경찰은 기본적인 치안 업무도 담당하지만 이슬람교도가 하루 다섯 차례 예배하는 시간에 모든 상점이 문을 닫았는지 단속하고 있다. 여성에게 온몸과 머리 전체를 덮는 검은 색의 니캅

주요 칼리프 시대와 칼리프 국가 선언

무함마드 사망 (632년)	정통 칼리프 시대 (632~661년)	술탄 칼리프 시대 (1517~1922년)	IS 칼리프국가 선언 (2014년 6월 29일)
무함마드 사후 칼리프 선출 칼리프: • 예언자 무함마드의 　대리인 • 이슬람공동체(움 　마)의 정치적, 종교 　적 지도자 • 최고 통치자	4명의 칼리프 시대 • 1대: 아부 바크르 • 2대: 우마르 • 3대: 우스만 이븐 　아판 • 4대: 알리 이븐 　아비 탈리브	• 오스만 제국의 　술탄이 칼리프를 　겸임 • 터키 공화국 초대 　대통령인 케말 　파샤에 의해 폐지	• 아부 바크르 알 　바그다디 초대 IS 　칼리프임을 선언 • 7세기 정통 칼리프 　시대로 돌아가자고 　주장 • 이슬람법(샤리아) 　통치 주장

을 쓰도록 강요하며 눈과 손 이외의 신체 부분이 가려졌는지를 감시한다. 이를 적발하면 바로 현장 지도를 한다.

　IS는 식품 검역을 담당하는 부서도 운영하고 있다. 가축이 이슬람 율법에 따라 도축이 됐는지를 검역한다. 이 부서는 도축장과 정육점에서 소, 양 등의 가축이 '할랄'에 따라 도살, 처리, 가공이 됐는지 관리, 감독한다. '허용된 것'이라는 뜻의 아랍어인 할랄은 인간이 생명을 유지하기 위해 다른 동물의 생명을 죽이는 것을 허락한다는 의미다. 이슬람에서 허용하는 할랄식 도축법은 동물의 머리를 이슬람 성지인 메카를 향해 눕히고 동물의 고통을 최소화하는 방식이다. 이를 위해 예리한 칼을 이용해 경동맥과 정맥을 한 번에 절개한 뒤 피를 모두 뽑아낸다.

　IS는 자체 교과 과정도 만들어 이슬람식 교육을 실현하려고 애쓰고 있다. 모든 과목을 가르치던 평범한 학교가 이슬람을 가르치는 종교학교로 바뀌었다. 학교에서는 쿠란과 종교, 예언자의 생애, 이슬람 법학 등을 가르친다. 영어가 모국어인 '무자히룬(이민자)'에게는 기본적으로 영어로 수업을 하되 쿠란과 표준 아랍어 과목은 아랍어로 한다.

조직 변천사

IS는 요르단 태생의 테러 지도자 아부 무사브 알자르카위Abu Musab al-Zarqawi가 이끌던 '자마아 알타우히드 왈지하드(유일신과 지하드, JTJ)'가 그 모태다. 2002년 생겨난 이 단체는 그 다음해 미국의 이라크 침공에 반발해 자국 영토에서 연합군을 몰아내는 것을 주요 목표로 삼았다. 이라크 과도정부의 전복, 침략 정권 협력자 암살, 시아파 주민 제거, 순수 이슬람 국가 건설 등도 이 단체의 핵심 강령이었다.

유일신과 지하드 즉 JTJ는 2003년 미국의 침공으로 사담 후세인 정권이 붕괴하자 수니파 대원을 결집해 반미 투쟁에 앞장섰다. 2004년 5월 미국인 사업가 니컬러스 버그를 참수한 영상을 공개하면서 악명을 떨치기 시작했다. 그 다음달 이라크에서 김선일 씨 참수 사건의 배후를 자처해 한국에도 이 단체의 이름은 널리 알려졌다. 무역업체 직원이던 김 씨는 당시 수도 바그다드에서 서쪽에서 있는 팔루자로 트럭으로 이동하다 JTJ 대원에 납치됐다. 이 단체는 이라크 북부 아르빌에 주둔한 한국군의 철수를 요구하면서 김 씨를 살해한다고 협박했고, 결국 피랍 22일째 팔루자 인근 도로에서 그의 시신이 발견됐다.

조직 변천사

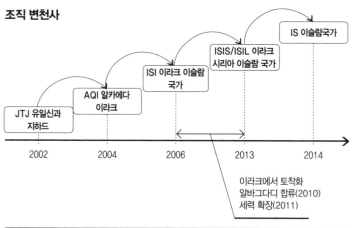

2002년	아부 무삽 알자르카위 Abu Musab al-Zarqawi	2003년 이라크 전쟁 때 반미 투쟁, 잔인한 참수 활동
2004년	아부 무삽 알자르카위 Abu Musab al-Zarqawi	오사마 빈 라덴Osama Bin Laden과 협의, 충성 맹세 후 이라크에서 AQI로 이름 변경
2006년	아부 아이유브 알머스리 Abu Ayub al-Masri 아부 우마르 알바그다디 Abu Umar al-Baghdadi	5개 이상의 조직으로 구성된 평의회 구축 (무자히딘 슈라 위원회), 이라크 조직으로 토착화, 이중 조직
2011년	아부 바크르 알바그다디 Abu Bakr al-Baghdadi	시리아 내전의 혼란을 계기로 시리아로 확장, 누스라 전선Nusra front과 연계
2013년	아부 바크르 알바그다디 Abu Bakr al-Baghdadi	알카에다와 결별 선언. 이라크와 시리아에 수니파 근본주의 국가 건설 목표를 강조하여 발표.
2014년	아부 바크르 알바그다디 Abu Bakr al-Baghdadi	6월 29일 칼리프 국가 선언

JTJ는 2004년 알카에다의 산하 조직인 알카에다 이라크지부 (AQI)의 이름도 쓰며 이라크에서 세력을 확장했다. 실제 이름은 '탄짐 카이다트 알 지하드 피 빌라드 알라피다인 인 아라빅(큰 강 두 줄기가 흐르는 땅에 있는 지하드단)'이지만 주로 AQI라 불렸다.

AQI는 2006년 1월, 이라크 무장조직들을 규합해 '무자히딘슈라위원회'를 만들었다. 이라크인이 주축인 토착형 조직이 생겨난 것이다. 이 위원회는 최소 다섯 개가 넘는 이라크 현지 지하디스트 조직의 연합체다. 이는 이라크인이 아닌 요르단 출신의 자르카위와 조직 내 2인자인 이집트 국적의 아부 아이유브 알마스리가 이라크에서 외국인 지도 체제의 한계를 깨닫고 이를 보완한 것으로 추측된다. 이 조직의 1인자인 알자르카위가 2006년 6월 미군 공습을 받고 사망한 이후 '이라크 이슬람국가(ISI)'로 조직명을 바꿨다. 이때 후계자로 조직의 2인자이던 알마스리와 이라크 내 아부 우마르 알바그다디가 공동 리더로서 활동하는 모습을 갖춘다. 이중 조직의 형태를 띤 것이다.

IS 지도자인 알바그다디는 2010년부터 ISI를 이끌며 조직을 더욱 확장시켰다. 2011년 3월부터 내전이 시작된 시리아로도 진출해 세력을 넓혔다. IS는 시리아 영토에서 반군에 지원되는 무기와 정부군으로부터 탈취한 무기를 손에 넣었고, 미군의 공습을 피할 수 있는 안전한 훈련지도 확보했다. 알바그다디는 2013년 4월 조직명을 ISIS로, 다음해인 2014년 이름을 IS로 또다시 변경했다. 알카에다와도 결별을 선언했다. IS는 내전에 휩싸인 시리아와 미군이 철수한 이라크 정권의 공백을 틈타 외형을 급격히 키운 뒤 칼리프 국가를 선포했다.

내부 권력은 어디서, 이슬람식 지도자 선출 방식

알바그다디가 IS 최고지도자로 등극한 것은 이슬람 전통 사회의 일반적인 지도자 선출 방식과 비슷한 면이 있다. 이슬람 사회에서 지도자를 뽑는 과정은 현대 서구 시각으로 봤을 때 민주주의 방식과는 거리가 있지만 부족 중심의 과거 이슬람 사회에서는 흔한 선출 방식이다. 삶과 종교가 일치하는 이슬람 세계에서는 '울라마'가 사회 전반적으로 영향력을 발휘할 수 있다. 울라마는 학자, 교사, 설교사 등의 이슬람 지식인 집단을 의미한다. 공식적으로 울라마에게 권위를 주는 협의체나 제도는 없지만, 이슬람 신도가 지지하면 사회적 지도자로 자연스럽게 인정받는다. 이는 민주주의 국가들의 선거제도와는 다르지만 이슬람식으로 지도자를 뽑는 그들만의 선출방식이라 할 수 있다.

IS 조직은 최고지도자를 중심으로 한 소수 지도부의 권력 지배구조를 띠고 있다. IS는 변천을 거듭하면서도 바뀌지 않는 가장 큰 특징은 알바그다디 중심의 1인 지도체제다. 알바그다디는 IS 조직 내에서 절대적인 영향력을 확보하고 있다. 그는 점령지 내 종교적, 정치적 삶을 통제하는 통수권자다.

알바그다디의 1인 중심 체제에서도 '내각' 형태의 정부 조직이 존재한다. 미국 테러리즘 연구분석컨소시엄(TRAC)이 발표한 자

IS 내부조직도

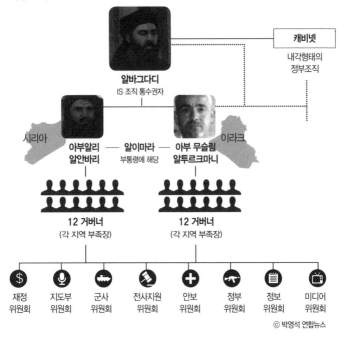

캐비넷
내각형태의
정부조직

알바그다디
IS 조직 통수권자

시리아

아부알리
알안바리 ─── 알이마라 ─── 아부 무슬림
부통령에 해당 알투르크마니

이라크

12 거버너
(각 지역 부족장)

12 거버너
(각 지역 부족장)

재정
위원회

지도부
위원회

군사
위원회

전사지원
위원회

안보
위원회

정부
위원회

정보
위원회

미디어
위원회

ⓒ 박영석 연합뉴스

료에 따르면, 알바그다드의 통치를 받는 산하 조직으로는 3개 영역의 중앙위원회가 있다. IS 지도부의 고문 기관인 슈라위원회와 대원 관리와 군사 작전에 책임을 지는 군사위원회, 점령지 치안을 담당하는 안보·정보위원회가 있다. 이 3개 위원회는 IS 지도부의 중추 역할을 한다.

슈라위원회는 알바그다디에게 직언하고 지도부를 견제할 수 있을 정도의 권력을 보유했다고 TRAC는 분석했다. 미국인 인질 제임스 폴리와 시티븐 스톨로로프, 데이비드 헤인즈를 참수한 때도 슈라위원회의 승인 없이는 이뤄질 수 없다는 관측도 있다. 슈라위원회는 내각에도 참여하는 9~11명의 위원을 두고 있다. 군사위원회는 사령관 3명으로 구성된다. 3개의 중앙위원회는 또다시 10개 안팎의 부처로 세분화된다.

IS의 수뇌부는 시리아 락까에서 '에미르'라고 불리는 지방 지도자, 부족장 들과 정기적으로 만나고 있다. 이 만남에서 IS는 에미르를 통해 치안과 식료품을 보장하고, 에미르는 주민을 대신해 IS에 세금을 내고 충성을 약속했다고 선전지 〈다비크〉는 주장하고 있다. 중세의 봉건제도를 떠올리게 하는 통치 방식이다.

알바그다디의 정체

현재 IS 최고지도자인 알바그다디는 전 세계에서 가장 악명 높은 인물로 간주되고 있다. 그러나 알바그다디의 자세한 성장 과정과 가족의 신원은 베일에 싸여 있다. 알바그다디에 관한 세계 각지의 논문 자료와 언론 보도 등을 통해 그에 관한 신상 정보가 하나 둘씩 밝혀지고 있을 뿐이다. 전신 조직에서 활동한 기간을 포함해 모두 8년간 IS에 몸담아 온 알바그다디의 본명은 아랍어로 '이브라힘 아와드 이브라힘 알리 알바드리Ibrahim Awad ibrahim Ali Al Badri'다. '아부 바크르 알바그다디'는 가명인 셈이다. 알바그다디는 여러 개의 신분을 갖고 있고, 미국의 공습을 피하려고 휴대전화도 소지하지 않은 것으로 알려져 있다.

1971년 이라크 사마라 지방에서 태어난 알바그다디는 조용하고 신앙심이 깊은 청년 시절을 보냈다. 바그다드 수니파 지역인 아드하미야에 있는 이슬람대학에서 학사와 석사, 박사 학위를 받았다. 그가 이슬람 교리에 해박한 지식을 갖고 있음을 알 수 있는 대목이다. 알바그다디가 대학에 다니던 2003년엔 미국 주도로 이라크를 침공했다. 그때만 해도 알바그다디는 여전히 학문을 추구하며 저항 단체에 가입하기를 꺼렸다.

2004년 1월 이라크 남부 부카 수용소에 수감된 뒤 같은 해 12월 출소하고 나서부터 급진주의 성향으로 바뀌었다. 이후 이슬람급진주의 단체 결성을 주도했다. 이라크와 쿠웨이트의 접경지에 설치됐던 부카기지 수용소는 이라크 전쟁 기간 미군이 운영한 최대 규모 수용소로, 수니파 저항세력과 시아파 극단주의자, 이라크 내 알카에다 요원 등 수천 명을 수용했다. 이슬람 극단주의자들이 주로 정치범 교도소에서 만나 조직 결성을 도모한 것처럼 알바그다디 역시 수감 생활 도중 나중에 뜻을 같이할 동지를 많이 만난다. 미 육군의 케네스 킹 대령은 IS 지도자가 된 알바그다디의 모습을 보고 그가 부카 수용소에 있었던 사실을 기억해냈다. 킹 대령은 "수많은 장병을 위험에 처하게 하면서 그를 붙잡았는데 그냥 석방해버린 것"이라며 안타까워했다. 알바그다디가 이라크전 당시 어떤 경로로 미군에 붙잡혔고, 석방된 뒤 어떻게 최고지도자가 됐는지는 여전히 불확실하다.

2006년 IS의 전신인 무자히딘슈라위원회에 가입한 알바그다디는 2009년 알카에다 이라크지부인 AQI 지도부에 본격적으로 합류한 것으로 추정된다. '이라크 이슬람국가(ISI)'로 불리던 2010년에는 이 조직의 최고지도자에 올랐다. 알바그다디는 2013년 이라크와 시리아에 걸친 이슬람국가의 출현을 알리기 시작해

2014년 6월 IS 수장으로서 존재감을 과시했다. 한쪽에서는 알바그다디가 IS 전신 조직 AQI의 최고지도자 아부 무사브 알자르카위가 2006년 미군 공습으로 사망한 뒤 한때 빈사상태에 놓인 IS을 빠르게 재건시켰다고 평가한다.

알바그다디의 지도 아래 IS는 시리아 내전, 미군의 이라크 철수 등에 따른 공백을 틈타 이라크와 시리아 국경지대에서 조직원을 훈련시켰다. 점령지의 은행을 털고 강도, 인질 납치, 원유 밀수 등으로 막대한 자산을 쌓기도 했다. 세계에서 IS가 가장 부유한 '테러 단체'란 별명을 얻은 것도 이 때문이다.

알바그다디는 조직원에게 연설할 때도 늘 복면을 해서 '보이지 않는 지도자'로 불리기도 한다. 오사마 빈 라덴의 진정한 후계자라는 평이 나왔다는 주변의 증언도 있다. 알바그다디가 2014년 11월 8일과 2015년 4월 21일 미군 공습으로 중상을 당했다는 보도가 나왔지만 확인되지 않았다. 그가 머무는 지역은 IS 내부에서도 극소수만이 알고 있다. IS는 자신의 지시를 전파, 수행하는 중위급 인사로 구성된 소규모 그룹과 의사소통하고 있다. 미국을 중심으로 한 연합군의 공습 목표 1호인 탓에 그의 소재는 철저히 비밀로 부쳐진다.

알바그다디는 가끔 미군과 이라크군의 반격에도 건재함을 과시라도 하는 듯 육성 녹음을 통해 자신의 목소리를 내고 있다. 북아프리카 지역의 테러단체가 알바그다디에게 잇달아 충성을 맹세하는 현상도 나타나고 있다. 미국 국무부는 알바그다디의 존재감이 커지자 2011년 10월 바그다드를 특별지정 테러리스트 명단

알바그다디al-Baghdadi의 정체

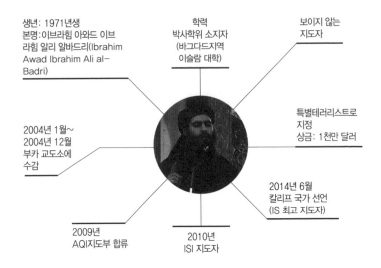

생년: 1971년생
본명:이브라힘 아와드 이브
라힘 알리 알바드리(Ibrahim
Awad Ibrahim Ali al-
Badri)

학력
박사학위 소지자
(바그다드지역
이슬람 대학)

보이지 않는
지도자

2004년 1월~
2004년 12월
부카 교도소에
수감

특별테러리스트로
지정
상금: 1천만 달러

2009년
AQI지도부 합류

2010년
ISI 지도자

2014년 6월
칼리프 국가 선언
(IS 최고 지도자)

에 올리면서 현상금 1000만 달러를 걸었다.

알바그다디는 자신이 이슬람 예언자 무함마드의 후계자임을 선전하는 듯한 언행을 보이기도 했다. 알바그다디는 2014년 IS가 장악한 이라크 모술의 대모스크에서 이례적으로 모습을 드러냈을 때 검은 색 터번을 머리에 두르고 예복을 입었다. 수염을 기른 외모였다. 자신이 무함마드의 직접적 후계자, 즉 칼리프라는 것을 겉으로 암시한 것이다.

알바그다디의 이상적 모델인 무함마드는 이슬람 공동체를 이끌어 갈 자신의 후계자를 정하지 못한 채 세상을 떠났다. 누가 자신의 역할을 대신해야 하는지에 관한 계시나 암시도 전혀 없었다. 결국 이슬람 원로 협의체는 고심 끝에 무함마드와 동고동락한 쿠라이쉬 족의 일원인 아부 바크르를 '칼리프'란 이름의 직책을 부여했다. 제1대 칼리프가 탄생한 것이다. 이로써 이 일대에서는 왕정이 아닌 칼리프가 통치하는 신권 군주제가 탄생하게 됐다.

알바그다디는 이러한 이슬람의 역사적 배경을 끌어들여 '아부 바크르 알바그다디'로 개명했다. 그리고 전 세계 15억 이슬람교도의 유일하고 절대적 정치, 종교지도자로서의 칼리프를 자처했다. 알바그다디는 오로지 신에게만 복종하고, 모든 이슬람교도는 알바그다디에게 복종해야 한다고 말했다. 이에 정통 이슬람 학자들은 주제넘은 선언이자 이슬람 교리에 어긋난다고 반박했다. 일부 학자들은 알카에다 지도자 오사마 빈 라덴마저 이러한 주장을 하지 않았다며 알바그다디의 도 넘은 자기과시를 비난했다.

경제적 기반은 원유 밀매와 약탈, 세금

IS는 다양한 경로를 통해 재정을 확보하고 있다. 그 중 가장 큰 수입원은 원유, 천연가스 밀매와 점령지 주민과 기업체로부터 받아내는 세금이다. 유물 약탈과 밀매, 인질 몸값 등도 자금줄로 활용되고 있다는 게 서구 정보기관과 전문가의 분석이다.

IS가 장악한 시리아 북부와 이라크 북부 점령지역에는 다수의 유전과 정유공장이 있다. IS는 이곳에서 나온 원유를 몰래 내다팔고 있다. 시리아 점령지의 원유 생산량은 이라크보다 더 많다. 이라크에너지연구소에 따르면 2014년 IS는 하루 동안 시리아에서 5만 배럴, 이라크에서 3만 배럴의 원유를 각각 시추한 것으로 추산된다. 2015년 2월 발간된 미국 외교전문지 〈포린폴리시〉는 IS의 원유 생산량을 시리아에서 하루 4만 4000배럴, 이라크에서 4000배럴 정도에 이를 것으로 예상했다. IS는 현재 최대 생산량의 절반 수준으로 원유를 생산하고 있는데 그 양을 배가할 능력이 있는 것으로 전문기관은 예측했다. IS는 원유를 밀매하기 때문에 시중 가격 4분의 1 수준으로 '헐값'에 팔고 있다. 배럴당 25~65달러 수준으로 판매하는데도 하루 평균 100~200만 달러의 수입을 올리고 있다고 이라크에너지기구는 전했다.

IS는 시추한 원유를 터키와 레바논으로 몰래 반출해 원유를 필요로 하는 주민들에게 파는 것으로 추정된다. 터키 정부는 공개적으로 이를 부인하고 있지만 터키 남부에 IS의 원유 암시장이 형성됐다는 보도가 여러 차례 나왔다. 터키는 바샤르 알아사드 시리아 정부의 붕괴를 촉진하려고 이런 밀매에 눈을 감고 있다는 분석도 있다. 이슬람 수니파가 집권한 터키 정부와 시아파 분파인 알라위트파의 알아사드 시리아 정권은 앙숙 관계다.

이밖에 쿠르드족 중개인이 IS로부터 원유를 구입해 파키스탄에 싼 가격으로 판매한다는 보고서도 나왔다. IS가 레바논 중개상과 시리아 정부에도 원유를 팔고 있다는 소문도 있다. 그러나 미국 주도의 연합군 공습에 IS 점령지내 원유 시추 시설이 상당수 파괴돼 원유 밀매로 벌어들이는 수입은 과거에 비해 크게 감소한 것으로 분석된다.

IS의 또 다른 돈벌이 주요 수단은 인질 몸값이다. 유엔 안전보장이사회에 2014년 12월 제출된 보고서에 따르면 IS가 1년간 3500만~4500만 달러(약 380억~489억 원)의 몸값을 손에 넣은 것으로 추산됐다. 2003년에는 인질 한 명의 몸값이 약 20만 달러 선이었는데 최근에는 1000만 달러까지 치솟았다고 〈뉴욕타임스〉는 보도했다. 스웨덴의 한 기업은 납치된 직원 한명을 풀어주는 대가로 7만 달러를 지불한 사례도 있다. IS가 참수한 미국인 인질 제임스 폴리가 죽기 직전 그가 몸담은 미국 매체 〈글로벌포스트〉의 필립 발보니 CEO(최고경영자)는 IS측이 폴리 석방 대가로 수억 달러의 몸값을 요구했다고 공개했다.

IS는 일본 정부에도 인질 두 명을 풀어주는 대가로 2억 달러를 내라고 공개 협박했다. 일본 정부는 이에 응하지 않았고, 인질들은 결국 목숨을 잃었다. IS는 일본인 인질 몸값을 공개 요구했는데 이는 일본 성부가 거설할 것을 알면서도 거래를 명분 삼아 선전전을 벌였다. 알카에다 역시 몸값으로 거액을 챙겼다. 미국 국무부는 2012년 알카에다와 그 연계조직이 8년간 모두 1억 2000만 달러의 몸값을 수입으로 얻었다고 밝힌 바 있다.

유물 밀매도 IS의 또 다른 주요 수입원이다. 유물 밀매는 비밀리에 이뤄져 그 구체적인 거래 내용을 알기가 쉽지 않다. 언론 보도에 따르면 유프라테스 강의 일부 유역에서 IS는 전문가에 버금가는 사람들을 도굴 현장에 투입했다. 그리고 현장에서 나온 보유 가치가 높은 유물들은 몰래 팔아넘겼다. IS는 고고학적 유물을 밀매해 시리아의 한 지역에서만 36억 달러 상당의 이익을 올렸다는 내용의 거래 내역서가 공개되기도 했다. 이라크 정부 박

재정 예상 수입(2014년 12월 기준)

원유($ 10억) 38%
천연가스($ 4억 9000만) 17%
갈취, 세금($ 3억 6000만) 12%
화학제품($ 3억) 10%
시멘트($ 2억 9000만) 10%
밀, 보리($ 2억) 7%
납치($ 1억 2000만) 4%
자금지원($ 5000만) 2%

* 참고자료: Thomson Reuters Accelus

물관장은 IS가 기원전 3세기에 건설된 고대 도시 하트라를 훈련장, 무기 저장소, 인질 살해 장소로 사용하고 있다며 분개했다.

IS는 또 점령지 내 행정조직을 운영하며 세금을 거둬들이고 있다. 점령지 주민은 국가에 세금을 내듯 IS에 세금을 낸다. IS 장악 지역에서 활동하는 기업도 전력 공급과 안전조치가 필요한 만큼 세금을 반강제적으로 내야 한다. 주민은 보호세는 물론 점령지 내 검문소를 차량으로 통과할 때도 현금을 건네야 한다.

IS가 점령지 은행에서 상당한 액수를 탈취한 경우도 있다. 미국의 전략정보분석업체 스트래트포에 따르면 2014년 IS는 이라크 모술을 점령하고 나서 모술중앙은행 현금을 강탈했다. 탈취 금액은 4억 2500만 달러로 추정된다. IS는 최근에는 시리아와 이라크를 빠져나가려는 난민에게서 통행료 명목으로 상당한 현금을 벌어들이고 있다고 한다.

IS는 전신 조직으로 있을 때부터 걸프국의 개인 부호 등으로부터 자금 지원을 받고 있다. 시간이 지날수록 외부 자금 지원의 비중은 점점 높아지는 추세다. 외부 자금줄은 주로 같은 수니파 원유 생산국의 부유한 개인 자산가다. 이들은 이슬람 수니파 사상을 전파하고 시리아 정권 타도를 지원하는 차원에서 시리아와 이라크 내 수니파 무장단체에게 자금을 지원하고 있다. 이 무장 단체 중 일부는 IS와 직간접적으로 연계돼 있다. 걸프국 정부들은 수니파 무장단체의 자금줄 역할을 하는 자산가를 대략 파악하고 있지만, 복잡한 국내 정치관계 때문에 일부러 눈을 감고 있는 것으로 알려졌다.

IS는 여러 방식으로 모은 자금을 전투원의 월급과 가족 수당, 무기 조달, 원유 밀매를 위한 운송 등에 쓰고 있다. 최근에는 원유 가격의 하락에 따라 세금 징수와 외부의 지원금, 유물 밀매 등에 대한 의존도가 커졌다. 이런 가운데 국제사회의 IS 자금줄 차단 노력에 IS가 앞으로 재정적 어려움을 겪을 가능성도 제기된다. 실제 유엔 안보리는 2015년 2월 IS를 포함한 극단주의 무장단체의 자금줄 차단을 위한 결의안을 채택했다. 이 결의안은 자국민이 인질로 잡히더라도 석방을 위해 몸값을 지급하지 못하도록 한 기존 안보리 안건을 또다시 강조했다.

점령지 주민은 IS를 환영할까?
반대할까?

　　　　IS가 이라크와 시리아 점령지에서 모든 주민의 지지를 받는지는 불투명하다. IS 점령지 내 납치, 살해 위협으로 외국 취재진이 직접 확인할 수 없을 뿐더러 현지 주민도 IS의 위협에 현지 실상을 제대로 알릴 형편이 되지 않기 때문이다. 다만 현지 주민은 IS 통치에 복합적 감정을 갖고 있는 것으로 보인다. 공포감을 안고 살아가면서도 IS와 같은 이슬람 수니파로서 일종의 치안을 담당해 줄 민병대 조직으로 여기는 분위기로 비쳐진다. IS를 최악이 아닌 차악의 존재로 보는 셈이다.

　중동 분쟁과 평화, 인권 등을 연구해 온 학자 크리스 데이비 Chris Davey가 2014년 11월 발표한 보고서는 이러한 시각을 뒷받침한다. 이 보고서에 따르면, 이라크 모술 주민이 IS를 바라보는 세 가지 이미지는 '해방자'와 '종교', '긴 수염'이다. 해방자는 이라크 시아파 정권의 종파 차별 정책, 탄압의 굴레에서 자신들을 구해낸 존재로 본다. 이라크에서는 2003년 미국의 이라크 침공으로 사담 후세인 정권 붕괴 후 시아파 정권이 들어서면서 이라크 서북부에 주로 사는 수니파는 공무원 취업과 복지 혜택, 대우 등에서 차별받았다고 주장해 왔다. 이런 와중에 수니파 무장조직인 IS가 이라크 정부군을 몰아내고 모술을 장악하자 환영 분위기까지 연출됐다.

　IS의 극단주의적 종교 이미지는 IS가 칼리프 국가 수립을 선포하면서부터 더욱 굳어졌다. 이슬람 율법의 통치를 받는 칼리프 국가 건설이 IS의 궁극적 목표가 되면서 이슬람 종교의 중요도는 어느 원칙보다 우위에 놓였다. '긴 수염'은 IS 대원의 기본 이미지가 됐다. 실제 IS 대원은 한결 같이 수염을 기르고 있다. 이들 대원이 수염을 기르는 정확한 이유는 불확실하지만 예언자 무함마드와 연관성이 있는 것으로 보인다. 무함마드는 쿠란이나 하디스 등을 통해 이슬람교도에게 수염을 기르라고 가르치지는 않았다. 하지만 무함마드가 수염을 기른 것으로 기록되면서 그의 외모를 따라하려는 기조가 IS 내부에 자리를 잡은 것이다. 긴 수염 역시 IS의 종교적 이미지를 연상케 한다.

IS 점령지 내 주민들이 IS의 잔혹성과 폭력성에 맞대응하지 않고 체념하거나 순응하는 분위기도 있다. 폭력 정치에 주민들이 침묵할 수밖에 없는 상황에 처할 수도 있지만 그 외 다른 이유도 분명히 있다. 이라크 내 다수의 수니파 주민은 이라크 정부의 최고 권력자였던 누리 알말리키 전 이라크 총리를 지금도 비판하고 있다. 시아파 정권을 꾸린 뒤 수니파를 탄압하고 종파 갈등을 부추겼기 때문이다. 수니파 주민은 지난 10년간 바그다드 정부로부터 멸시와 학대를 받았다고 느껴왔다. IS의 인권 탄압도 극악하지만 이라크 정부군과 정부의 지원을 받는 시아파 민병대의 탄압 강도도 심했다는 게 현지 주민의 반응이다.

수니파가 절대 다수인 모술과 티크리트 지역의 일부 주민은 해방가로서 IS의 입성을 환영하기도 했다. 2015년 5월 17일 IS가 바그다드 동쪽에 있는 라마디를 장악했을 때 이를 증명하는 장면이 현지TV에 방영됐다. IS 최대 점령지인 모술 주민 수백 명은 거리로 쏟아져 나와 경적을 울리고 환호를 보냈다. 강압에 의해 억지로 환호를 보낸 것 같은 장면은 아닌 듯했다. 기뻐하는 표정이 자연스러워 보였다. IS의 공포 정치에 두려움을 느꼈다면 자발적으로 이러한 환호 행렬에는 참여하지 않았을 것이다. 이러한 분위기는 결국 IS가 현지 주민들에게 적대적 극단주의 무장세력만으로 간주되지 않는다는 점을 시사한다. IS는 현지 청년들에게 자신의 조직에 가담하라고 독려하기도 한다.

IS가 주민을 위한 복지 정책을 실행에 옮기기도 한다. IS가 발간하는 선전물 〈다비크〉와 중동 언론에 따르면 IS는 주민들에게 의료 지원도 하는가 하면 무료로 빵을 지급하기도 했다. 이슬람 교육이 대부분을 차지하지만 학교 시설도 갖추고 있다. 외국인을 위한 별도의 교육 시설도 운영한다고 한다.

팬덤은 한두 권의 힘으로

행동하는 IS

IS의 진혹성은 행동으로 그대로 나타난다. 과격한 행동을 통해 IS는 극단주의 성향의 대원을 끌어들이고 동시에 외부로부터 재정 지원 효과를 노릴 수 있다. 그런 행동에 공포심을 느낀 이라크와 시리아의 점령지 내 주민들 역시 겁 먹고 어쩔 수 없이 세금을 내야 할 처지에 몰리게 된다. IS로서는 이슬람 급진주의 사상도 홍보할 수도 있다. 이슬람 사상에 근거한 거짓 선전전을 펼치며 자신의 과격한 행동에 방어막을 치는 것이다. IS는 상징주의와 비밀주의를 이용해 그들의 선전전을 그럴 듯하게 포장한다.

그러나 IS의 실제 행동은 시대착오적이면서도 중대 범죄에 해당할 정도로 끔찍하기까지 하다. 이슬람교도가 아니라는 이유로 현대 사회에서 더는 존재하지 않는 노예화를 정당화하고 여성들을 성적 노리개로 삼기도 했다. 전 세계가 노예제도를 폐지하고 여성의 인권 신장을 얘기하는 마당에 오히려 IS는 과거 시대로 회귀하는 통치 방식으로 존재감을 알리고 있다. 이러한 행태에 저명한 이슬람 학자는 물론 평범한 무슬림조차 분노를 표출하는 상황이다. 현 시대에는 전혀 맞지 않는 동떨어진 IS의 행동 논리는 이슬람권에서도 지탄받고 있다.

과격한 행동을 하는
이유

IS의 과격한 행동 이면에는 조직적이고, 의도적인 고도의 선전 전략이 깔려 있다. IS의 주요 전략은 과격한 행동을 기반으로 소셜미디어를 활용한 선전전이다. 내부적으로는 대원 결집과 신규 모집에 효과가 있다. 외부적으로는 이슬람 극단주의 사상 전파를 원하는 걸프국 부호들의 재정 지원을 기대할 수 있다. 잔혹하고 극단주의적 행동으로 이슬람권 안팎에서 비난을 감수해야 할 상황에서도 실보단 득이 많을 것이란 IS의 복안이 깔린 셈이다.

선전전의 효과는 이미 입증된 상태다. IS가 이라크와 시리아에서 세력을 유지·확장한 소식은 유튜브 등을 통해 즉시 전 세계에 방송됐다. 트위터, 페이스북을 중심으로 한 소셜미디어를 통해 선전전의 효과는 더욱 커졌다. 세계 언론 매체의 IS 관련 보도를 꾸준히 접하면서 IS로부터 영감을 받고 동조하는 이들도 꾸준히 생겨났다. IS는 이런 선전전의 효과를 등에 업고 극단주의 이슬람 무장단체로서 그 존재를 제대로 알렸다. 다만 IS가 이슬람 지하디스트가 각축을 벌이는 지역에 확고한 뿌리를 내릴 정도의 이데올로기를 갖추지 못한 만큼 앞으로 세력 확장에 어려움을 겪을 수도 있다.

IS는 화려하게 포장한 포섭 홍보전과 선전전으로 세계 각국의 관심을 끌면서 걸프국 부호들의 자금 지원도 기대할 수 있다. 특히 살라피즘 사상이 보편화된 사우디아라비아와 쿠웨이트 등 걸프국가로부터의 외부 지원은 안정적인 자금줄로 여겨진다. 살라피즘은 초기 전통 이슬람 규범에 근거한 이슬람 정신으로 돌아가자는 수니파 운동인데 사우디에서는 이런 사상이 다른 이슬람국가에 비해 상대적으로 보편화돼 있다. 사우디에서 살라피즘 사상에 젖은 일부 부자들이 전통 칼리프 시대로 회귀함을 목표로 삼은 IS에 몰래 지원금을 대는 이유를 추측하게 하는 대목이다. IS에는 인터넷 뱅킹을 통한 계좌 이체로도 자금이 유입되기도 한다.

상징주의와 비밀주의

IS 행동 전략의 핵심 가운데 하나는 상징주의다. 이집트 카이로아메리칸대학의 정치학과 마르코 핀파리 교수는 IS가 선전전을 통해 '상징주의' 효과를 극대화하고 있다고 지적했다. IS의 선전물에 나오는 참수 동영상, 문화재 파괴 등이 모두 철저

한 계산에 따른 행동이란 것이다. 상징의 효과는 다양하다. 일단 IS가 공개한 영상이나 사진, 선전물을 보면 강력한 인상을 받는다. 뇌리에 남는 상징적 이미지는 IS에 대한 관심을 더 끌어올린다. 그 관심은 IS에 대한 지지와 동조로 이어질 수 있다.

IS가 외국인 인질을 참수할 때 오렌지색 죄수복을 입힌 것은 이를 단적으로 설명하는 사례다. IS 대원이 칼을 들이대며 살인을 예고할 때 오렌지색 옷을 입은 인질은 무릎을 꿇고 공포감에 휩싸인 모습이 자주 등장한다. 모든 걸 체념한 듯한 표정이다. 오렌지색은 미국이 관타나모 수용소에 이슬람교도 죄수에게 입혔던 복장의 색깔이다. 이 때문에 오렌지색은 미국의 이슬람교도 탄압을 상징하는 색이 돼 버렸다. 핀파리 교수는 "IS가 인질에 오렌지색 옷을 입힌 것은 미국을 대표로 하는 반제국주의에 반대하는 상징적 표시"라고 분석했다. IS가 요르단 조종사를 불에 태워 살해할 때도 상징주의 기법이 사용됐다.

IS가 잔혹한 이미지를 가공해내는 방법은 여기서 그치지 않는다. IS가 트위터 계정을 통해 공개한 한 동영상에는 오렌지색 죄수복을 입은 인질 네 명이 갇힌 철창이 크레인에 매달려 서서히 수영장 물속으로 잠기는 장면이 담겼다. 철창에는 카메라가 설치돼 있어 인질이 물에 잠길 때부터 익사할 때까지의 장면이 그대로 촬영됐다. IS는 인질을 철창 안에 가두고 마치 동물이나 서커스의 구경거리로 만들어 버렸다. 철창 속의 인질을 미국의 억압 또는 제국주의의 상징으로 둔갑시킨 뒤 이를 응징했다는 의도를 표출했다. IS는 일말의 죄의식을 보이지 않은 채 미국에 철저히 보복했다는 점을 강조한 것이다. 이러한 상징주의는 자신들을 합리화시키는 데 한몫한다. 또한 전 세계에 극단주의 사상을 전파하고 점령지 내 공포심을 극대화해 주민의 동요를 막고 내부 통제력을 강화할 수 있다. IS의 잔혹함을 널리 알리면서 적을 위축시키려는 전략이다.

IS는 비밀주의도 함께 구사한다. IS 무장대원은 한결같이 검은색 복면을 한 모습으로 동영상에 등장한다. 검은색 복면을 하는 이유는 적에게 공포심을 주려는 측면도 있지만 그들의 정체를 숨기고 적에게 혼란을 주려는 의도가 깔려 있다. IS의 대원 규모를 정확하게 파악하기 힘든 이유이기도 하다. 예를 들어 IS 대원 100명이 서로 다른 장소 다섯 곳에 나타났다면 이를 500명으로 계산해야 할지 아니면 100명을 조금 넘는 수로 파악해야 할지 헷갈리기 쉽다. 각 대원의 얼굴이 노출되지 않았기 때문에 구체적 인원수 파악은 불가능하다. IS는 이처럼 신분과 정체의 노출을 피하는 비밀주의 전략으로 IS 대원의 전체 규모를 숨기고 있다. 다만 IS는 인질을 처형하는 데 직접 나서는 이들이 외국인 대원이나 청소년일 경우 얼굴을 그대로 노출했다. 이는 서구 세계에 적지 않은 충격을 가하는 동시에 IS 대원 모집에 효과가 있기 때문이다.

IS 지도자 알바그다디의 존재도 철저히 비밀로 되어 있다. 이는 알바그다디 존재의 신비함을 더해 이슬람 공동체의 위대한 지도자 칼리프로서 이미지를 심어주려는 의도다. IS 내부에서도 극소수만이 알바그다디의 거처를 알고 있다. 이는 미국을 중심으로 한 연합군의 공습을 피하기 위해서다.

IS의 자산 운영 방식과 자금줄 흐름도 구체적으로 드러나지 않은 채 추정만 있을 뿐이다. IS의 생명력과 직결되는 사안인 만큼 이 역시 철저히 비밀로 부쳐져 있다.

외국인 대원의 합류

IS의 전체 대원 수는 각국 정보기관, 언론사마다 약간씩 다르지만 대체적으로 2만~5만 명 수준이라는 관측이 지배적이다. IS 대원 중 이라크인과 시리아인을 뺀 외국인의 비중은 절반 정도인 것으로 추정된다. 서구에서 합류한 대원은 그 중 2000명 수준으로 파악되고 있다. 나머지는 북아프리카와 중동, 중앙아시아 등의 출신이다. 외국인 IS 대원 출신 국가는 전체 90여 개국에 이른다. 한국에서는 열여덟 살의 김 군 한 명만이 IS에 가입한 것으로 우리나라 정부는 보고 있다.

미국 안보전문연구소 수판그룹Soufan Group이 CIA 자료 등을 토대로 작성해 2014년 공개한 자료에 더해 영국 킹스칼리지 국제급진주의연구소(ICSR)의 2015년 최근 자료를 취합하면 대략적인 IS 외국인 대원 수를 가늠해 볼 수 있다.

IS에 가담한 외국인은 아프리카 튀니지 국적이 1500~3000명으로 최다를 기록했다. 그 다음으로 사우디아라비아(2500명)와 요르단(1500명) 순이다. 북아프리카 서쪽에 있는 모로코(1500명), 리비아(600명), 이집트(360명), 알제리(200명) 등 북아프리카 국가 출신이 다수를 차지했다. 아시아 권역에서는 파키스탄(500명), 중국

그래픽 외국인 대원 현황

1500–3000	●	튀니지
1500–2500	●	사우디
1500	●	요르단
1500	●	모로코
800–1500	●	러시아
1200	●	프랑스
900	●	레바논
600	●	리비아
600	●	터키
500–600	●	독일
500–600	●	영국
500	●	파키스탄
500	●	우즈베크
440	●	벨기에
360	●	이집트
360	●	투르크메니스탄
330	●	보스니아
300	●	중국
100–250	●	호주
250	●	카자흐스탄
200–250	●	네덜란드
200	●	알제리
190	●	타지키스탄
150–180	●	스웨덴
100–150	●	코소보
100–1500	●	오스트리아
100–150	●	덴마크
120	·	이스라엘/팔레스타인
110	·	예멘
100	·	캐나다
100	·	키르기스스탄
100	·	수단
100	·	미국
50–100	·	스페인
90	·	알바니아
80	·	이탈리아
70	·	쿠웨이트
50–70	·	세르비아
70	·	소말리아
50–70	·	핀란드
60	·	노르웨이
50	·	아프가니스탄
50	·	우크라이나
40	·	스위스
30	·	아일랜드
15	·	카타르
15	·	아랍에미리트
12	·	바레인
12	·	마케도니아
6	·	뉴질랜드

~100
100~500
500~1000
1000~

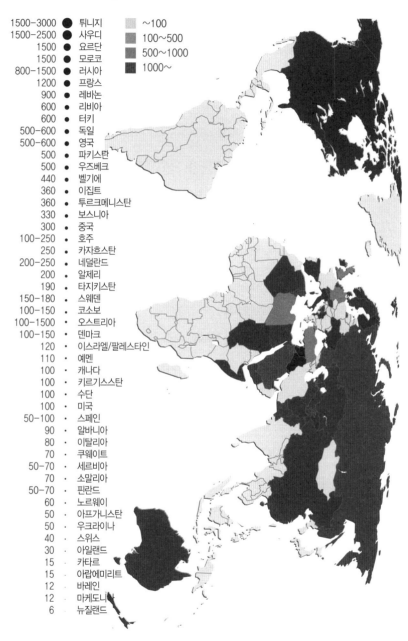

자료: 영국 킹스칼리지 국제급진주의 연구소(ICSR)

© 박영석 연합뉴스

(300명), 카자흐스탄(250명), 호주(100~250명), 인도네시아(60명), 키르기스스탄(100명), 아프가니스탄(50명) 순으로 IS에 합류했다. 방글라데시와 칠레, 일본, 말레이시아, 뉴질랜드, 필리핀, 싱가포르 등에서도 소수 인원이 IS 전투원으로 합류했다고 〈워싱턴포스트〉는 보도했다.

ISCR은 IS에 합류한 외국인 여성이 70명에 이르며 이들은 자국 내 테러를 선동하는 한 축을 이루고 있다고 분석했다. IS에 합류한 여성은 영국이 30명으로 가장 많고, 가장 나이 어린 여성은 열다섯 살인 프랑스 소녀라고 한다.

기독교도 참수 이유, 타크피르 사상의 폭력화

IS는 2015년 2월 리비아의 한 해안에서 이집트 콥트 기독교도를 집단 참수하는 동영상을 공개해 이집트 정부와 세계 기독교도의 분노를 샀다. 두 달 뒤에는 리비아 동부와 남부 두 곳에서 에티오피아 출신 기독교도 등 28명을 또다시 살해했다. IS는 이러한 두 차례 만행으로 비무슬림에게 공포심을 안겨줬다.

IS의 참수 명분은 이슬람이 아닌 다른 종교를 믿는 이교도 관점에서 비롯한다. 피해자 중 다수는 기독교도다. IS는 이들을 '배교자'라고 지칭하며 참수를 정당화했다. 수니파인 IS가 이라크의 시아파 민병대원, 고유 토속 신앙을 믿는 이라크 야지디족을 무참히 살해할 때도 같은 명분을 들이댔다. IS는 2014년 여름 이라크 북부를 장악하는 과정에서 야지디족 수백 명을 죽이고 일부 여성을 노예화했다. 이러한 IS의 행동에 근거가 되는 것은 '타크피르' 사상이다. 아랍어로 타크피르는 '배교자 선언'을 뜻한다. IS는 주로 수니파를 제외한 기독교 등 다른 종파나 신앙을 믿는 사람을 이단으로 규정해 처형하고 있다. 어떤 경우에는 IS에 맞서는 수니파 무슬림을 '타크피르'로 선언해 참수하기도 한다. 다만 IS가 이유를 불문하고 전체 기독교도를 '타크피르'로 규정했는지는 불명확하다.

그러나 이교도란 이유만으로 IS의 참수 행위를 정당화할 수는 없다. 이교도 살해는 이슬람의 근본 교리와도 어긋난다는 게 이슬람 정통 학자들의 일반적인 견해다. 칼리프 시대는 물론 예언자 무함마드가 이슬람 종교를 확장할 때도 다른 종교를 믿는 이들을 전멸시키지는 않았다. 그 대신 이슬람 공동체에서 경제적, 사회적 불이익을 주는 방식으로 개종을 유도했다. 그러나 IS는 이러한 노력을 배제한 채 폭력을 사용하며 이교도를 배척하는 행태를 보였다.

IS가 이탈리아 로마를 겨냥해 도발적인 발언을 하는 것도 이와 무관치 않다. IS는 2015년 2월 '십자가 국가에 보내는 피로 새기는 메시지'란 제목의 동영상에서 "로마를 정복할 것"이라고 밝혔다. 이는 역사적으로 기독교 비중이 크고 교황이 있는 로마를 겨냥한 것이다. IS는 시리아 동부 소도시 탈 타머 지역을 습격해 아시리아 기독교도를 납치하면서도 "십자군을 붙잡았다"고 주장하기도 했다. 십자군은 IS가 통상 기독교인을 지칭할 때 쓰는 표현이다.

타크피르 개념을 이용해 IS가 기대하는 효과는 크게 두 가지다. IS는 이슬람과 기독교의 대립 구도를 분명히 해 이슬람권의 지지를 끌어내고 이슬람교도 주민들의 내부 결속을 꾀하는 것이다. IS는 같은 수니파를 처형할 때면 간첩 혐의를 적용해 왔는데 이 역시 타크피르 개념을 사용했다고 볼 수 있다. 타크피르의 정의가 명확하지 않고 해석하는 주체가 자신의 입장에 맞게 자의적으로 규정할 수 있는 만큼 IS로서는 타크피르 사상이 경쟁자나 적을 상대할 때 매우 효과적인 수단이다. 자신의 폭력성과 잔인함도 정당화하는 수단으로 이용한 것이다.

역으로 시아파 맹주인 이란은 IS를 타크피르 대상으로 규정했다. 이란의 시각으로 봤을 때 IS는 시아파를 철저히 배척하고 그들을 비난하는 다른 종파의 극단주의자와 다를 바 없다. 수니파와 시아파 양대 정파는 정통 칼리프 시대 후반부터 서로를 '타크피리(타크피르 대상이 된 인물)'로 부르며 정권 쟁탈전을 벌이기도 했다. IS는 이라크의 시아파 정권을 공격할 때도 타크피르 개념을 이용했다.

타크피르는 와하비즘과 살라피즘 사상에서 한 부분을 차지한다. 이슬람 교리를 중시해 수니파 원리주의 또는 근본주의로 분류되는 와하비즘의 목표는 이슬람 경전인 쿠란의 교리를 그대로 구현하자는 데 있다. 수니파 중심적 시각 때문에 시아파는 물론 일반적 수니파와 다른 종파마저 배격하는 보수적 성격이 강하다. 사우디아라비아 국가 전반에 이런 보수 수니파의 종교적 사상이 깔려 있어 사우디는 와하비즘의 본고장으로 불린다. 사우디 출신의 IS 대원이 이라크와 시리아에 적지 않은 것도 이와 무관치 않다. 알카에다 지도자 빈 라덴 역시 사우디 출신이다. 와하비즘의 이름은 이 이슬람 운동을 창시한 무함마드 빈 압둘 와하브의 이름에서 유래했다.

와하비즘의 의미를 더 확대한 사상이 살라피즘이다. 따라서 타크피르 개념도 살라피즘의 큰 범주 안에 들어간다. 살라피즘은 정통 칼리프 시대의 이슬람 규범에 근거한 사회로 회귀하자는 수니파 운동이다. 살라피즘 사상을 이어받은 보수주의 운동이 와하비즘이다. 타크피르가 살라피즘 또는 와하비즘의 선동적 사상 교육 수단으로 전락했다는 비판이 나오는 근거도 이 때문이다. 이슬람 근본주의자는 주로 살라피스트라고 불리는데 이런 시각에서 보면 IS 대원도 살라피스트로 규정할 수 있다. 그러나 모든 살라피스트가 과격한 무장세력이 되는 것은 아니다. 예컨대 이집트에서는 살라피스트가 '알누루당'이란 이름의 정당을 만들어 합법적으로 정치활동을 하고 있다.

소수민족 여성의
노예화

IS는 이라크의 소수민족 야지디족 여성을 강제결혼 방식으로 노예화했다. IS 대원들은 점령지에서 야지디족 여성을 전리품인양 나눠 갖는 야만적 행동도 탈출 여성들의 증언으로 속속 드러났다. IS는 배교자라는 이유를 대며 야지디족 여성 2700명을 취득했다고 주장했다. 야지디족 여성이 한 언론과 인터뷰를 한 기사를 보면 14세 이하 소녀는 IS 간부들에게 상납되고 성인 여성은 노예로 팔리거나 임시로 강제결혼을 해야 한다. IS는 야지디족의 성노예화를 공개적으로 시인했다. 2014년 10월 선전잡지 〈다비크〉를 통해 자신들이 붙잡은 야지디족 여성과 어린이를 작전에 참가한 IS 대원에게 분배했다고 밝힌 것이다. '최후 심판일 전 노예제도의 부활'이라는 주장이다.

국제앰네스티는 IS 근거지에서 탈출한 야지디족 여성과 어린이 300여 명 가운데 40여 명과 인터뷰를 진행해 〈지옥에서의 탈출(Escape from Hell)〉이라는 보고서를 발표했다. 이 보고서에 따르면, IS는 2014년 6월 이라크 북부 신자르산 일대를 봉쇄한 이후 야지디족 여성을 노예로 삼았다. 생포된 야지디족 남성 대부분은 즉결 처형했다. IS는 야지디족을 악마 숭배자로 간주했다. 그러면서 정당한 권리를 지닌 인간이 아니라는 이유로 살해·인신매매까지 허용했다. 노예화된 여성 가운데 상당수는 14~15세로 그보다 더 어린 소녀도 있었다. 가해자 대부분은 IS 대원이지만 IS 추종 세력도 비슷한 범죄를 저지른다. 피해 여성들은 구타나 고문을 당해 탈출을 시도하기도 한다. 동물 같은 취급을 받고 학대를 받은 끝에 IS로부터 벗어난다 해도 그 여성들은 트라우마에 시달린다. IS에 납치돼 성노예와 다를 바 없는 처지로 전락한 여성들이 최후의 수단으로 자살을 택하기도 한다는 보고서도 나왔다.

IS는 이슬람 율법을 근거로 야지디족 여성의 노예화를 정당화하고 있다. 야지디족을 노예로 삼음으로써 IS가 샤리아 본래의 의미를 회복시킨다는 주장이다. 그러면서 '성서의 민족'은 몸값을 내거나 개종할 수 있는 선택권이 있지만, 야지디족에게는 적용되지 않는다는 궤변을 내놓았다. '성서의 민족'이란 유일신을 믿는 기독교와 유대교 신자를 가리키는 말인데 야지디족은 '성서의 민족'도 아닌 만큼 노예로 삼아도 정당하다는 논리다.

1000년 이상 존속한 야지디족의 고유 종교는 조로아스터교(배화교), 기독교, 이슬람의 교리를 혼합한 것이다. 하늘나라에서 추방당한 타락한 천사를 '공작천사'로 부르며 숭배한다는 점이 IS로부터 악마숭배집단으로 몰리는 요인이 됐다. IS는 이슬람의 유력한 통설을 인용해 점령지 내 야지디족 여성을 노예로 삼았다고 주장했다. 이 통설에는 점령지 내 이교도를 노예로 삼는 것을 정당화는 내용이 담겨 있다.

그러나 IS의 이러한 주장은 지금 시대에는 전혀 맞지 않는다. 현재 이슬람권을 포함해 어느 나라도 노예제를 합법적으로 인정하는 국가는 없다. 야지디족 여성의 노예화를 정당화하는 행위를 국제사회도 허용하지 않고 있다. 이슬람 율법학자 역시 IS의 노예화 주장에 전혀 동의하지 않는다. 2014년 9월 세계 수니파 학자 126명은 급기야 IS에 공개서한을 보내 '야지디족을 경전의 백성으로 간주하고 노예제 재도입을 금지하라'고 촉구했다. 현대 이슬람 학자들도 IS의 시대착오적 주장을 공개적으로 반박한 것이다.

IS의 성폭력과
동성애

        IS의 성에 관한 이중적 태도는 비판받아야 할 중범죄에 해당된다. IS는 배교 집단으로 선언한 야지디족 여성, 앗시리아 기독교 여성을 성 노예화하거나 인신매매 대상으로 삼아 그들의 신체와 영혼을 잔인하게 파괴했다. 특히 어린 여성을 임시로 강제 결혼을 시키고서는 성폭행한 행위는 그야말로 파렴치하다. IS 대원 스스로 종교적 신념을 지키고 있다는 것처럼 보이게 하고 성폭행을 정당화하기 위해 강제 결혼을 이용하고 있다.

  IS에 억류됐다가 풀려난 여성들의 언론 인터뷰를 보면 가히 성적 학대 수준을 넘어선다. IS 대원은 타 종교 여성을 다룰 때 노예제의 부활을 부르짖는 것을 넘어 그들을 성노리개로 취급하며 인권을 유린했다. 이라크 안바르 주에서 IS 대원이 억류된 여성과 잠자리를 할 시간이 할당된 노트는 그들의 성적 착취 실태를 가늠하게 한다. 이라크와 시리아를 취재한 서구의 한 기자에게 발견된 이 노트에는 IS 대원의 성관계 스케줄이 빼곡히 적혀 있다. 이 자료는 IS가 대외적으로 종교적 경건함을 주장하면서도 그 이면에는 이를 정당화하는 거짓 논리로 여성을 성폭행하는 모순을 드러냈다. IS는 비무슬림 여성에게 개종을 강요하고 이를 거부하면 성폭행을 가했다. 만약 이 여성이 개종하면 곧바로 강제 결혼하고 나서 사실상 노예화된 여성의 몸을 범한다.

  IS는 결혼했다는 변명을 대며 성폭행을 정당한 성관계로 둔갑시키기도 한다. 강제로 임시로 결혼하고 나서 성관계를 맺은 뒤

이 여성을 다른 대원에게 팔아넘기는 식이다. 결혼과 이혼 방식도 매우 간단하다. IS 대원은 "나는 너와 결혼한다"를 세 번 말하면 된다. 이혼 절차 역시 "나는 너와 이혼한다"고 일방적으로 선언하면 끝이다.

IS에 억류된 한 여성은 하루에 세 차례 결혼했고, 어떤 경우에는 결혼 기간이 채 2시간도 안됐다고 털어놓았다. IS는 노예로 삼은 여성을 물건인 것처럼 사고팔았다. 눈 색깔과 외모, 나이에 따라 매매 가격을 달리하는 데 25달러에서 1000달러까지 거래된다고 한다. 파란 눈을 가졌다는 이유만으로 부르는 가격이 두 배 넘게 오른다. 14세 이하의 소녀는 IS 지휘관에게 선물로 제공되고, 성인 여성은 현장에서 바로 노예로 팔리기도 한다. 기독교와 유대교를 믿는 여성들은 운이 따르면 일종의 세금을 내고 탈출할 수 있는 기회를 가질 수 있다. 그러나 배교자로 낙인찍힌 야지디족 여성에게는 이런 기회조차 주어지지 않는다.

IS의 성에 대한 이중적 모습은 동영상을 통해 공개된 적이 있다. 이 영상은 IS의 성적 만행을 그대로 고발한다. IS 대원들이 웃고 떠들면서 대화하는 내용은 이렇다. 한 대원이 카메라를 보면서 "오늘은 노예 시장이 있는 날이다"라고 말한다. 이어서 여러 대원들의 대화가 시작된다.

"내 야지디 소녀는 어디 있어?"

"나는 소녀 하나를 찾고 있어. 누가 나한테 소녀를 팔고 싶은 사람 있어?

"내가 팔게. 권총을 사려면 나는 그녀를 팔아야 해."

여성 노예에 관한 규정

포로, 노예의 획득이 가능한가?
경전 등에서 규정한 '불신자' 여성은 가능하다. 다신교 사상의 여성도 가능하다.
여성 포로를 사고 팔 수 있나?
여성 포로나 노예는 사고 팔거나 선물할 수 있다. 단순 재산으로 규정하여 사용할 수 있다.
여성 포로(노예)와 성교가 가능한가?
가능하다. 꾸란 23:5-6에 근거한다. (아내, 노예 등 자신의 소유는 가능하다)
사춘기 전 여성 노예(12세 이하)와 성교가 가능한가?
가능하다. 단, 너무 어리다면 성교 없이 신체접촉만으로 충분한 유희를 즐겨라.
여성 노예를 때릴 수 있나?
훈육적 구타는 가능하다. 욕구충족, 고문의 수단으로 폭행은 금지한다. 얼굴 구타는 금지한다.

* 참고자료: 2014년 11월, IS 자체적으로 '여성 노예'에 관한 가이드 라인을 만들어 배포
　　　　　Middle East Media Research Institute 의 영어 번역 참고, 자체 재구성

"너에게 300달러를 줄 수 있어. 하지만 그녀가 푸른 눈을 가지면 가격을 더 쳐줄 수 있어. 그녀가 열다섯 살이라면 내가 검사해볼 거야. 그녀의 이를 체크해볼 거야."

이 영상은 한 청년이 "당신도 야지디 소녀를 원해?" "그녀와 무엇을 할지 너는 알 수 있겠어?"라고 낄낄대며 웃는 장면으로 끝이 난다.

IS 대원 모두가 이같이 행동하는지 단정할 수 없지만 내부 비판의 목소리가 없다는 점에서 IS 대원의 상당수가 성에 관해 왜곡

된 개념을 갖고 있는 것은 분명해 보인다. IS는 비이슬람교도라는 이유만으로 이러한 만행을 저지르고 있다. 그러나 이슬람 학자들은 이 같은 행태에 반대하고 있고, 보통의 이슬람교도도 강한 거부감을 나타냈다. 오히려 IS가 이슬람을 욕되게 하고 있다며 이슬람권에서 비판받는 상황이다. IS에 억류돼 있다가 탈출한 여성들의 인터뷰를 보면 IS의 야만적인 민낯이 그대로 드러난다. 한 탈출 여성은 "지옥 같은 시간이었다"고 털어놓았다. IS로서는 이상적 이슬람 공동체를 추구한다고 홍보하면서도 실제로는 여성을 억압하고 그 여성으로부터는 '지옥'이라는 비판을 받고 있다. 여성을 억압하고 성노예화해 세계의 지탄을 받는 IS의 이상은 더욱 실현되기 어려울 수밖에 없다.

성노예 피해 여성은 자신과 가족의 명예를 더럽힐 수 있다고 생각해 자신의 성폭행 피해 사실조차 말하기를 꺼리기도 한다. IS에 붙잡혔다가 도망 나온 여성 대부분은 억류 생활이 끔찍했다고 털어놓으면서도 성폭행을 당했는지 여부에는 부인하는 경향을 보였다. 자신이 성폭행 당한 사실이 알려질 경우 이를 간음한 것으로 가족이 여길 수 있기 때문이다. IS에 납치된 여성은 나중에 2차 피해까지 혼자 떠안아야 하는 처지에 몰리는 셈이다.

IS는 동성애자를 잔인하게 살해하는 동영상을 공개하기도 했다. IS는 이슬람이 금지하는 동성애를 했다는 이유로 2015년 1월 이라크 모술에서 10층이 넘는 고층 건물에서 남성 두 명을 떨어뜨렸다. 영상을 보면 두 남성은 의자에 앉아 손이 뒤로 묶인 채 IS 대원에 밀려 추락하고, 이후 그 바닥에 시신과 함께 선혈이 낭자

한 장면이 비쳐진다. 이슬람에서는 동성애와 간통이 자연 질서에 어긋나고 순수한 성도덕을 훼손하는 탈선으로 보고 금지한다. IS는 자체 형법에서 동성애 당사자뿐 아니라 이에 동의한 사람까지 사형에 처하는 범죄로 규정하고 있다.

그렇다 해도 고층 빌딩에서 밀어 살해하는 잔인한 처벌 방식에 이슬람권에서도 비판의 목소리가 나온다. 동성애자를 공개 처형까지 해야 하는지 처벌 수위를 놓고도 해석이 분분하다. 게다가 동성애자란 것을 증명하기도 쉽지 않아 IS가 누명을 씌우고 나서 즉결 처분할 수도 있다. 동성애자 처벌과 그 수위는 이슬람권에서 지금도 논란이 계속되고 있다.

한국의 김 군과 IS를 좇는
세계의 청년들

2015년 1월 7일 서울에 사는 열여덟 살 김 군이 사라졌다. '나라와 가족을 떠나 새로운 삶'을 살고 싶다는 메시지를 남기고 갑작스럽게 터키로 떠났다. 사흘 뒤 시리아 난민촌 주변에서 그 청년은 종적을 감췄다. 우리나라 정보당국이 마지막으로 파악한 정보는 김 군이 IS에 가담해 시리아 모처에서 훈련을 받고 있다는 내용까지다. 정확히 어디에서 어떤 훈련을 받는지도 알려지지 않았다. 김 군이 왜 IS에 가담하려 했는지는 알 길이 없다. 다만 초등학교 졸업 이후 한국에서 정규교육을 받지 않고 인터넷 세계에 빠져 살았던 김 군의 삶을 살펴보면 어느 정도 추측이 가능할 수 있다.

김 군의 가족 중 유일한 소통 창구는 동생이었다. 사회적 소외나 정체성 때문에 새로운 탈출구를 찾고자 한 것으로 추정되지만 왜 IS였을까, 라는 의문이 남는다. 김 군이 IS의 정치 이념과 이슬람 종교, 칼리프 국가를 정확히 이해하고 그 조직에 가담한 것은 아니라고 보여진다. 현재로서는 사회 불만과 IS의 선전전이 합쳐진 결과로 보는 분석이 지배적이다. 김 군은 IS에 가담하면 그 조직이 홍보한 것처럼 월급 받고, 그의 다짐대로 시리아에서 '새로운 삶'을 시작할 가능성도 배제할 수는 없다. 그러나 시리아와 이라크인조차 대거 고향을 탈출하는 상황에서 IS 선전대로 영웅처럼 대접 받고 이상적인 이슬람 공동체에서 안락한 삶을 영위할 것이란 예상은 실현 불가능에 가까울 것 같다.

이집트에도 김 군 같은
청년들이 있을까

이집트 카이로의 중상층 가정에서 태어난 모함마드는 평범한 20대 대학생이다. 아버지는 의사이고 어머니는 결혼 전 직장 여성이었지만 지금은 가정주부로 지내고 있다. 경제적으로 모자랄 것도 없고 가족 간의 불화도 없었다. 학교에서 왕따는 더더욱 아니었다. 그런 그에게 동경의 대상이 생겼다. 이슬람 극단주의 무장단체 IS다. 세계적인 테러단체로 간주되는 IS를 동경한다고 누구한테 말도 꺼내지 못하고 IS 가담을 실행에 옮기지는 못했다. 하지만 심정적으로는 이미 IS에 합류한 것이나 다름없었다.

또 다른 이집트의 20대 청년이자 관광 가이드인 라슈완은 대화가 IS를 주제로 흘러가면 곧잘 군사정권과 타락한 정부의 부패 문제를 꺼내 든다. 라슈완은 이슬람 황금기 때와 지금을 비교하면 먼저 한숨을 내쉰다. 아랍 청년의 높은 실업률과 저임금, 고물가, 청년들의 결혼 문제를 얘기할 때면 열변을 토한다. 라슈완은 "IS가 폭력을 사용하는 이유는 미국과 서구의 개입 때문"이라고 했다. 2003년 미국의 이라크 침공, 서구의 오일 야욕, 이라크와 시리아 독재정권에 대한 국제사회의 침묵이 IS 탄생 배경의 씨앗이 됐다는 얘기다. 라슈완은 "IS는 테러단체로 볼 수 있지만 과거 찬란했던 이슬람 시대를 재현하려는 그 생각에는 동의할 수 있을 것 같다"고 했다.

이집트에서 모함마드와 라슈완과 같은 의견과 생각을 지닌 청년을 의외로 자주 만난다. 모함마드와 라슈완은 자신들의 생각이 아랍권에서 그렇게 특이하거나 이상하게 여겨지지 않는다고 했다. 비슷하게 생각하는 친구들이 많다는 것이다. 쉽게 이해가 가지 않았다. 참수 등 악행을 자행하는 집단에게 어떻게 큰 거부감이 없을 수 있을까. 극빈층도 아니고 소외받는 계층도 아닌 일반 이집트 청년들은 IS를 어떤 관점으로 보고 있는지 궁금했다. 이들의 설명을 한참 듣고 있으면 IS의 특성을 두 가지로 분리해서 판단한다는 것을 알 수 있다. 이상적인 사상을 설파하는 나름 긍정적 이미지의 IS와 부정적 의미의 IS로 분리하는 것이다. 원론적인 사상을 설파하는 IS에는 거부감이 없는 듯 하고, 그들이 자행하는 행동은 비판하는 모양새다.

대학생 모함마드는 2015년 6월 이집트 언론인인 샤즐리 편집장이 카이로 자신의 사무실에서 들려준 지인의 조카 얘기다. 모함마드는 실제 경제적 어려움도 없었고 그렇다고 사회적으로 소외당하는 것도 아니었다. 하지만 지금 사는 이곳이 답답하고 미래에 대한 희망이 보이지 않는다고 한탄했다. 그래서 현실에 대한 도피처로서 새로운 탈출구를 찾고 있었다. 그 탈출구는 언론에 연일 보도되는 IS 가입이거나 외국으로 이주였다.

라슈완은 카이로에서 우연히 알게 돼 카페에서 가끔 차를 함께 마시는 편한 대화 상대다. 라슈완은 화목한 가정에 괜찮은 사립 중고등학교를 거쳐 대학에서 관광학과를 전공했다. 아랍어를 제외하고 두세 가지 외국어로 의사소통도 곧잘 한다. 이집트 대졸자 대기업 월급이 한국 돈으로 50만 원 정도인데 비해 라슈완이 받는 월급은 80만 원이다. 라슈완이 모함마드와 닮은 점이 있다면 "IS를 사상적으로 지지한다"고 공개적으로 밝히지는 않았어도 심정적으로는 IS에 동조한다는 점이다.

이집트의 모함마드, 라슈완 그리고 한국의 김 군이 IS에 동조하는 듯한 입장을 취한 이유는 서로 다르다. 하지만 이 세 명 이외에 세계 각지에는 잠재적인 김 군과 모함마드, 라슈완이 분명 존재한다. 오늘의 20대 젊은이 중 일부는 외국인 전사가 되려고 시리아행을 시도하거나 꿈꾸고 있다. IS 구성원 중에 젊은 외국인 전사가 끊이지 않는 이유다. 그러나 이 문제는 현 시점만을 생각해서는 해결하기 어렵다. 과거에 쌓인 문제가 지금 현재까지 영향을 미치고 있기 때문이다. 따라서 관심을 갖고 왜 그들이 시리아행을 결심했는지를 추적하다 보면 20대 청년들의 공통된 문제를 공감할 수 있다. IS 사태의 본질과 IS 가담을 시도하는 청년들의 생각과 문제를 이해하는 데도 도움이 될 수 있다.

김 군의 IS가담,
두려움의 여정

한국의 언론 보도를 보면 김 군이 IS에 가담을 시도한 것은 부정할 수 없는 사실이다. 김 군의 사망설이 보도되기도 했다. 다만 김 군이 왜 IS에 가담하기로 시도했는지 또 시리아에서 현재 무엇을 하는지는 정확히 알 수 없다. 제2의 한국인 가담자가 있는지 예측할 만한 자료도 없다.

하지만 이론을 통해 김 군이 IS의 끌린 이유를 추론할 수는 있다. 통상 사회학자, 심리학자, 중동전문가의 관섬으로 본 김 군에 관한 의견과 분석을 전체적으로 종합해 보면 사회적 소외와 현실 불만, 정체성, 소속감의 상실, 허무감, IS의 왜곡된 선전 등이 김 군의 IS행 선택을 도운 것으로 판단된다. 김 군은 시리아의 훈련소에서 언어 교육과 군사 교육, 왜곡된 이슬람 사상 교육을 받으며 '외국인 전사'로 다시 태어났을 가능성도 있다.

그러나 IS에 가입한 청년들은 곧바로 냉엄한 현실에서 혹독한 훈련을 견뎌내야 한다. IS에 가담했다가 탈출한 청년의 언론 인터뷰를 보면 시리아에 도착한 이들은 주로 야라부루스 인근의 외국인을 위한 IS 입문캠프로 보내진다. 캠프 문이 닫히면 되돌아나가기는 불가능하다. 훈련을 담당하는 IS 대원은 캠프에서 여권과 휴대폰 등 모든 짐을 압수한다. 몸을 씻는 것은 지저분한 호수에서 일주일에 금요일 한 차례만 허용된다. IS는 이슬람 예언자 무함마드의 삶의 방식이 모범이라 강조하고 쿠란 교육을 강요한다. 예배하는 법, 자동소총 다루는 법과 누구를 죽여도 되는지 등도 교육한다. 전투에 나가면 아무도 포로로 삼지 않고 모두 죽이라고 세뇌시키기도 한다.

외국인 남자의 경우 IS에 합류하면 보통 6개월 이하의 기본 교육을 받는다. 교육이 끝나면 전투 훈련과 사상 교육이 주를 이룬다. 이후 두 개로 나뉜 분과로 보내진다. 전투 대원과 자살폭탄 공격조다. 과거 체첸이나 탈레반 등에서 전투 경험이 있거나 훈련 성과를 인정받는 경우 시리아 정부군, 이라크 정부군과 맞서는 전장에 투입된다. 그렇지 않으면 자살 폭탄 테러나 인터넷 선전전에 가담해 IS의 존재와 활동상을 외부 세계에 알리는 역할을 담당한다. IS는 외부 시선을 더 끌기 위해 서양인을 전면에 내세우기도 한다.

IS의 여성활용법은 조금 다르다. 알칸사al-Khansaa와 같은 특수부대에 합류해 전투에 참전하거나 마을 안전을 책임지는 역할을 맡긴다. 시리아 락까 근처에 있는 이 부대는 모두 여성으로 구성돼 있다. 하지만 대부분 여성은 결혼을 통해 가족을 형성하는 데 힘을 쏟는다. 이는 IS가 오래 지속할 경우 세의 안정과 확장에 기여하는 토대가 된다. IS를 선전해 외국의 다른 여성에게 더 많은 여성을 끌어모으는 데 동원되기도 한다. 인터넷 소셜미디어와 메신저, 스카이프가 그들의 도구다. IS의 종교적 급진주의 사상이

상대 여성의 관심을 유도하는 주요 역할을 할 때도 있다.

다시 본래의 질문으로 돌아가보자. 한국의 다른 청년들도 김 군과 비슷한 이유로 'IS에 가입할까'란 의문이다. 그 답은 '아니다'쪽으로 쉽게 기울 것이다. 동북아시아에 사는 한국인의 시각에서 봤을 때 중동의 시리아와 이라크는 언어적으로나 문화적으로나 매우 이질적인 국가다. 삶의 터전이 완전히 다른 환경이라면 이슬람 무장단체에 가입해 전쟁과 테러를 저지를 수 있을까 하는 두려움이 자연스럽게 생길 수 있다. IS 가입을 주저하게 하는 이유는 시리아라는 이질적 국가의 미래와 행동의 두려움, 이 두 가지로 요약된다. IS 가입을 주저케 하는 요인이다.

김 군 사건은 한국에서는 처음 있는 일이다. 제2의 김 군은 아직 나오지 않은 것으로 보인다. 시리아가 물리적으로 멀 뿐만 아니라 심리적 거리는 그보다 더 먼 나라이기 때문일 것이다. 이슬람 문화는 아직 한국인에게 익숙하지 않고, 소통의 도구인 아랍어도 생소하다. 시리아는 한국과 정식으로 외교 관계가 수립돼 있지도 않다. 시리아에는 한국대사관도 없다. 그런 나라에 존재하는 IS에 가입하면 자신의 의도와 상관없이 전쟁터에 나서야 하고 테러에 가담할 수도 있다. 이런 단체에 가입해야겠다는 생각을 하기까지는 수많은 고민과 번뇌를 필요로 한다.

김 군은 IS 가입을 목표로 끝내 시리아 국경을 넘었다. 그렇다면 김 군이 어떤 목적과 의도로 IS 가입을 고민하고 추진했는지가 궁금증을 자아낸다. 김 군은 터키로 떠나기 전 '나라와 가족을 떠나 새로운 삶을 살고 싶다'라는 글을 남겼다. 이 대목에서 김 군의 이탈 심리를 예측해 볼 수 있다. 자신이 처한 곳에서 되도록 '멀리 떠나는 것'이다. 초등학교 이후 정규교육에서 멀어진 채 남동생 외에 연락을 주고받는 사람이 없을 정도의 외톨이로 지낸 점은 현실 세계에서 '벗어나고, 떠나고자' 하는 마음을 더욱 부추긴 것으로 여겨진다. 이때 김 군의 IS 가입 충동 심리는 소속감과 보상이었을 것으로 추측된다.

김 군이 터키로 떠나기 전 인터넷에서 찾은 IS에 대한 정보는 주로 월급, 자유로운 분위기, 점령지 약탈, 여자 무제한 등의 자극적인 것이라고 한다. 이러한 정보는 IS 가입이 모험적이고 그에 따른 보상이 이루어지는 것처럼 속이는 '착시 효과'를 불러일으킬 수 있다. 여기에 전쟁과 테러의 두려움은 있겠지만 어딘가에 소속될 수 있을 것 같은 희망이 IS 가입 충동을 부채질할 수 있다. IS 가입에 대한 옳고 그름의 관점보다는 목표를 향한 행위를 실천했을 때 미래에 보상받을 것 같은 심리가 작용할 수 있다. 사상이나 도덕적 판단, 종교 문화적 이질감, 소통의 어려움 등은 부차적 문제였을 것이다.

김 군과 IS를 연결한 브로커로 알려진 '하산'이라는 현지 아랍인도 김 군의 IS행을 이끄는 데 큰 역할을 한 것으로 추정된다. 한국으로부터 8000여 킬로미터 떨어진 먼 여정에서, 한국의 한 청년은 지금도 이질적인 삶 속에서 두려움에 떨고 있을지도 모른다.

김 군 행적, IS 훈련소 추정 지역

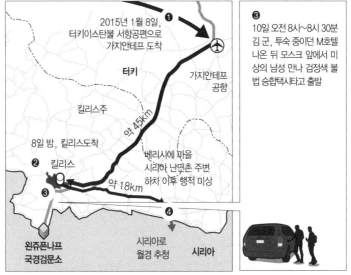

① 2015년 1월 8일, 터키 이스탄불 서항공편으로 가지안테프 도착

터키

가지안테프 공항

킬리스주

8일 밤, 킬리스도착
② 킬리스

③

약 45km

베리시에 마을 시리아 난민촌 주변 하차 이후 행적 미상

약 18km

④

윈쥬쯘나프 국경검문소

시리아로 월경 추정

시리아

③ 10일 오전 8시~8시 30분 김 군, 투숙 중이던 M호텔 나온 뒤 모스크 앞에서 미상의 남성 만나 검정색 불법 승합택시타고 출발

ⓒ 박영석 연합뉴스

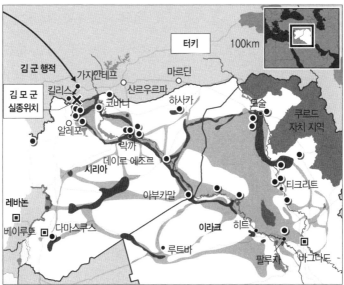

김 군 행적

김 모 군 실종위치

터키   100km

가지안테프

마르딘

킬리스   샨르우르파

코바니   하사카

알레포   모술

락까   쿠르드 자치 지역

데이로 에조르

시리아

티크리트

아부카말

레바논   히트

이라크

베이루트   다마스쿠스

루트바   팔루자   바그다드

■ 이슬람국가(IS) 장악
■ IS 간접권 (2015년 8월 현재)

● IS훈련소(시리아 15곳, 이라크 11곳, 2014년 11월 현재)

자료 : 미국싱크탱크전쟁연구소(ISW), 롱월저널

IS의 치명적 유혹?,
행동과 승리

　　　　외국에서도 김 군과 비슷한 의도로 IS 가입을 추진한 청년들이 적지 않을 것이다. 서구 정보기관에 따르면 IS 가담 등을 위해 시리아와 이라크 행에 나선 대부분은 18~29세의 청년이다. 전체 IS 대원 중 2000~3000명 정도는 유럽에서 온 젊은이로 추정된다. 이는 알카에다를 포함해 과거 과격 테러단체에서는 찾아볼 수 없던 현상이다. 외국인 청년에게 '남의 일'로 치부될 수 있는 IS가 매력적인 이유는 다른 이슬람 무장단체에서 찾아볼 수 없는 IS만의 특징 때문이다.

　IS의 특징은 실질적 '행동'과 '승리'로 요약될 수 있다. IS는 칼리프 국가를 선언하고 나서 두 가지 구체적인 목표를 세운 뒤 세를 확장하는 데 성공했다. 목표를 세워 어느 정도 실천했고, 영토도 확보했다. IS는 수시로 선전 매체를 통해 행동과 승리를 강조하며 조직 합류를 촉구했다. 극단주의 사상에 빠진 청년들은 행동과 승리의 유혹에 그대로 노출됐다. 이전 극단주의 단체에서는 볼 수 없던 현실이 매력이었던 셈이다. IS는 최근에 각 나라에 있는 무슬림에게 시리아, 이라크로 이동이 여의치 않을 경우 지금 있는 곳에서 테러를 감행하라고 촉구하고 있다.

　IS에 가담하려는 청년들의 심리는 현재의 암울한 정치, 사회, 경제 상황과 맞물려 있다. 특히 아랍 청년 중 상당수는 자신이 속한 분위기에 희망과 의욕을 잃고 새로운 탈출구를 쫓는 심정으로 IS의 이념에 동조하고 있다. 그 좌절감과 허무주의의 기저에는 정권의 부패와 빈부 격차, 높은 실업률 등 정치·사회 문제가 깔려 있다. 실제 중동 국가들의 부패 지수는 상당히 높다. 경제적 불평등 문제는 세계적인 현상이라고 하지만 중동 국가의 청년층 다수는 높은 취업 문턱에 번번이 좌절하며 국가를 원망하고 있다. 월급 사정이 나은 편이라고 해도 자신이 속한 사회나 국가가 발전할 가능성이 있다거나 미래가 밝다고 기대하지 않는다. 꿈과 희망을 잃어가는 사회 분위기가 조성되고 있다.

또 다른 문제는 IS의 선전전이 아랍 청년들의 마음을 실제 움직이고 있다는 점이다. IS는 탈레반, 알카에다와 같은 지난 두 세대의 이슬람 급진단체와는 확연히 달라진 모습을 보여줬다. 이라크와 시리아에서 명확한 국경선을 긋지는 못했지만 영토를 차지해 통치하고 있다. 외국인 인질을 참수할 때도 이슬람 교리와 서구의 개입에 반대하는 의견을 보이며 그 정당성을 확보하려고 했다. IS의 이러한 실천적 행동의 결과물은 페이스북과 트위터 등 소셜미디어를 매개체로 아랍 국가는 물론 전 세계의 청년에게 전달된다. 그것도 컴퓨터 그래픽이 가미된 최신식 영어판 잡지와 짜임새 있고 교묘하게 잘 편집된 동영상을 통해서다. 뚜렷한 목표 제시와 가시적 성과를 홍보하는 전략이 현재 아랍세계의 사회상과 맞아떨어지면서 아랍 청년들이 IS를 심정적으로 옹호하게 만들고 있다.

IS는 전리품 분배로 아랍 청년들을 유혹하기도 한다. 전투에 참여한 대가로 보상 체계를 마련한 것이다. IS는 2015년 이슬람 성월 단식인 라마단 당시 소속 대원에게 식료품을 나눠주고 근처에 사는 가족, 친척을 방문할 기회도 줬다고 선전했다. 이 선전 내용이 사실이라면 IS는 소속 대원의 이탈을 방지하기 위해 노력하고 그 대가를 지불했다고 볼 수 있다. 이와 함께 IS는 점령지 주민과 직간접적으로 교류하고 있는 것으로 예측된다. 이 역시 지난 두 세대에 걸친 이슬람 과격 무장단체와는 확연히 다른 점이다.

가난한 무슬림 청년의 종교 교육 부족도 IS 가입 현상을 지속 가능케 하는 배경 중 하나다. 종교적 무지와 올바른 이슬람 교육의 부족 등이 사회에 불만을 품은 무슬림 청년을 급진 사상으로 쉽게 인도할 수 있다는 것이다. 평범한 무슬림은 이슬람의 가치를 높게 평가하면서도 이슬람 경전과 종교 교리를 진지하게 공부하거나 고민하지 않는 경향을 보이고 있다. 이는 급진 이슬람주의자가 왜곡된 이슬람 교리를 종교적 수사학으로 포장시켜 교육을 제대로 받지 못한 일반 무슬림에게 전파할 때 문제를 일으킬 수 있다.

오사마 빈 라덴이 '지하드'의 개념을 편향적으로 해석해 아프간의 빈민층과 정권에 불만을 품은 가난한 청년들에게 전파한 게 대표적인 예다. IS 지도자 알바그다디가 시아파 정권에 불만이 높은 이라크 수니파 지역에서 '타크피르'의 개념을 왜곡 확대한 것도 비슷한 맥락이다.

쿠란 언어의 무지도 무슬림 청년들의 IS 가입을 이끄는 데 한 몫하고 있다. 쿠란 언어는 각 나라의 현대 아랍어와 비교해 사뭇 차이가 난다. 이집트와 레반트(지중해 동부 해안 지역), 마그리브

(북아프리카 서북부 지역)에서는 각각의 아랍어 방언을 사용한다. 이 지역에 포함된 아랍 국가들은 오랜 시간 문화와 환경 차이로 각각의 언어도 국가의 시대적 상황에 맞게 변천을 거듭했다. 각 나라 아랍인이 쿠란을 한 가지 언어로 또는 한 가지 방법으로 해석하지 않을 수도 있다는 점이다. 이는 이슬람이 정치적으로 해석, 이용될 수 있음을 의미한다. IS가 쿠란 언어를 잘 모르는 청년들을 유혹할 수 있는 도구로서 이슬람을 악용할 소지를 낳은 것이다.

　IS가 조직 합류를 촉구할 때 이용하는 기본 사상은 지하디즘 Jihadism이다. 이 지하디즘은 불만에 쌓인 청년들의 마음을 극단주의 성향으로 움직이게 했다. 지하디즘의 의미는 우리말로 고군분투(struggle, 이슬람으로 회귀하기 위한 싸움)에 가깝다. 넓은 의미의 지하디즘이다. 그러나 근본주의를 표방하는 이슬람 세력에서 주장하는 지하디즘의 의미는 다르다. 극단적이고 폭력성을 강조한다. 좁은 의미의 지하디즘이다. 정치적 이슬람의 관점으로 볼 수 있으며 종교적 신념을 지키는 방어의 수단으로 쓰이기도 한다. IS 지도자인 알바그다디는 협의의 지하디즘을 영토 확장과 대원 모집을 정당화하려는 수단으로 사용했다. 알카에다가 미국을 외부의 적으로 규정하고 9.11테러를 감행한 것도 같은 맥락이다.

　IS 지도자 알바그다디는 알카에다의 빈 라덴보다 더 극단적으로 지하드를 해석하고 전파했다. 나와 타인을 구별하고 내 의견에 동조하지 않은 집단을 배신자 또는 이교자 등으로 선언하고 탄압했다. 선제적 공격도 서슴치 않았다. 타크피르는 지하디즘과 함께 IS의 폭력을 정당화하는 중요 개념이 됐다.

　IS는 지하디즘을 종교적 가치 규범으로도 설정했다. 전 세계 무슬림에게 지하디즘의 실천을 촉구했다. 처음에는 이슬람을 가치 기반으로 하지 않는 문화권에 있는 무슬림에게 그곳을 떠나라며 히즈라Hijrah(이주)를 실행에 옮길 것을 요구하고 '우리'와 다른 '타인'과 맞서 싸우라고 명했다. 지하디즘 정의에 관한 IS의 극단적인 해석과 평범한 이슬람교도의 보편적인 해석은 여전히 엇갈리고 있다.

외국인 청년이
IS에 가입하는 이유

　　　외국인 청년이 IS에 지원하는 이유는 김 군처럼 각자의 목적이 IS의 홍보 전략과 맞아 떨어졌기 때문이다. 이슬람 과격 무장단체에 지원하는 경우는 과거에도 있었다. 그러나 IS 대원들은 과거 용병 개념의 지하디스트와는 성격이 크게 다르다. 이슬람 근본주의적 성향을 띤 사람만 아니라 개인적 욕구 충족을 위해 IS에 지원하기도 한다. IS에 지원한 외국인 대부분은 자발적으로 시리아와 이라크로 향했다. 배후 세력이나 직접적으로 나서 중개하는 곳도 없다. 유럽에서는 이러한 현상이 사회문제로 대두됐다.

　세계 청년들이 IS에 가입하는 이유는 가지각색이다. 그 주된 원인으로 공통된 이슬람 문화를 기반으로 하는 사회와 개인의 심리적 요인을 꼽을 수 있다. 외국인 지원자 중 다수는 세속 무슬림 가정의 자녀이거나 이민 2~3세대다. 카이로아메리칸대학의 심리학과 교수인 하니 헨리Hani Henry 교수는 차별과 편견, 정체성 혼란이 IS 가담을 이끄는 심리적 요인이라고 진단했다. 이슬람교도로 대학에 진학하거나 사회에 진출하고 나서 차별과 편견에 직면했을 때 주로 나타나는 현상이라는 의미다. 그러면서 정체성 혼란과 상대적 박탈감에 좌절감을 느끼고 극단주의 사상에 빠질 수 있다는 게 헨리 교수의 설명이다. 직업과 경제적 문제는 사회적 소외감에 직접 영향을 주기도 한다. 이렇게 소속 사회에서 느끼는 박탈감은 스트레스로 연결된다. 새로운 사회나 이상적인 사회로 보이는 곳을 찾을 수밖에 없는 막다른 길에 내몰릴 수 있다.

IS 가입 자체로 당장 급여가 늘거나 부자가 되는 것은 결코 아니다. 오히려 시리아, 이라크로의 이동 비용을 부담해야 하는 경제적 어려움이 뒤따를 수 있다. 그러나 고통스러운 현 사회에서 탈출해 해방감을 느끼고 싶고 일정한 수입으로 생활할 수 있는 여건이 갖춰진 곳을 찾게 되면 상황은 바뀔 수 있다. 보상 액수가 적더라도 심리적으로 이상형의 사회로 인식한다면 IS 가입도 시도할 수 있다는 게 헨리 교수의 설명이다.

IS에 가입하려는 청년들의 또 다른 심리적 근거는 가정불화나 학교 내 왕따 등의 사회 문제다. 이 역시 청소년 시절 소속 가정에서의 대화가 단절되거나 소속 사회에서 또래 리더와의 소통이 어려워질 때 생긴다. 소속 사회에 대한 피로가 누적되고 심할 경우 일탈까지 가능하게 한다.

외국인 청년들의 IS 가입 이유

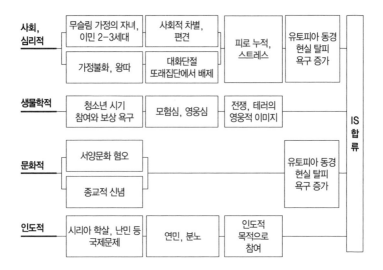

청년들이 급진 단체에 가입하는 이유를 생물학적으로 접근하는 분석도 있다. 젊었을 때 도덕적인 옳고 그름과는 상관없이 임무 수행을 통해 자기 만족도를 높인다는 의미다. 이 시기에는 모험심과 영웅심이 크게 증가하는 데 이럴 때 접한 전쟁과 테러 사건은 IS 가입이라는 모험심을 자극할 수 있다.

하나의 예로 IS를 시리아 정부군과 싸우는 반정부 세력 중 가장 조직적인 저항 단체로 간주하는 점을 들 수 있다. IS는 시리아 정부군과 대결에서도 밀리지 않는 강력한 조직의 이미지도 만들었다. 이런 이미지는 세계의 청소년에게 가치관이나 이념과는 상관없이 특정 목적을 달성했을 때 누구나 영웅이 될 수 있다는 착각을 불러일으킨다.

자신이 속한 서양문화에 대한 혐오감이 IS 가입을 부추긴다는 분석도 있다. 이는 종교적 신념과 맞물려 지하디스트가 되기 위한 동기 부여가 된다. 이때 지하드는 강력한 종교적 규범으로서 청년들이 자발적으로 내전 국가에 규합할 수 있도록 돕는 역할을 한다. 현금이나 주택 등 물질적 대가, 보상보다는 종교적 목적을 달성하려는 의지가 강하기 때문에 잔혹한 행위도 충분히 불사할 수 있다.

인도적인 목적을 이유로 청년들이 시리아행에 합류하기도 한다. 시리아 난민이 처한 비참한 상황에 같은 아랍인으로서 연민과 동정심을 느끼는 경우다. 바샤르 알아사드 시리아 정권은 2011년부터 지금까지 수만 명의 시리아 시민을 학살했다. 그 여파로 시리아를 떠나 실향민이 되거나 이민자 신세가 된 사람들이 2015년 7월 기준으로 400만 명이 넘은 것으로 유엔난민기구는 추산했다. 이는 시리아의 최대 문제이자 유럽의 심각한 난민 유입 문제로 확산됐다. 국제 정치 논리를 벗어나 정권의 무력 진압에 죽거나 집을 잃은 사람들을 위로하고 같이 분노하는 아랍인이 시리아행을 택한 것이다.

IS에 가담하기 위해 세계 청년들은 지금도 시리아 국경을 넘고 있다. 청년의 일탈에는 그 나름의 이유가 있다. 그 청년의 개인 사정, 사회적 지위 등 주변 여건이 중요한 영향을 미쳤다. 만약 시리아에서 내전이 없었다면, 또는 이라크 정권의 부패가 없었다면 IS에 가입하려는 의지나 추진력은 분명 희박하거나 약해졌을 것이다. 마찬가지로 불화없는 가정에서 화목하게 지내고 학교나 사회에서 소외되지 않았다면 그 청년들은 IS에 가입하지 않을 것이다. 뚜렷하진 않아도 희망과 목표를 갖고 있었다면, 종교와 문화에 대해 폭넓게 알았더라면, 그리고 영웅 심리를 다르게 표출할 방법을 알았더라면 그 청년들은 IS에 합류할 이유를 찾기 어려웠을 것이다.

IS에 빠진 외국인 여성

　　　IS에 합류한 유럽 등 서구 출신의 외국인 전사 중에는 여성도 있다. 그 구체적인 수치는 파악하기 어렵지만 일부 여성은 영국과 프랑스 등 선진국 출신이다. 그렇다면 외국 여성이 내전이 지속되는 시리아와 이라크에서 IS에 합류하느냐에 관심이 쏠린다. 여성들이 IS행을 택하는 이유는 다양하겠지만 자신의 정체성을 찾고자 또는 지하디스트와 결혼을 위한 목적이 대부분인 것으로 추정된다. 이는 왜곡된 종교적 환상, 직접 전사가 되고자 하는 호기심이 발동했을 때 나타난다.

　정체성을 찾는 과정에서 IS에 관심을 보이는 경우 반드시 실제 전투에 참여하지 않아도 된다는 생각이 기본적으로 깔려 있다. 안전할 것이라는 판단이 더해 IS에 더 큰 관심을 보이거나 한발 더 나아가 합류할 계획까지 세운다. 친한 친구나 또래집단을 따라 시리아에 갈 수도 있다. 두 가지 다 순수한 이슬람 국가 건설에 참여하는 데 자신이 모종의 역할을 할 수 있을 것이라 기대하는 경우가 많다.

외국인 용병이나 이슬람 전사라고 자처하는 청년과 결혼하려고 시리아행을 결심하기도 한다. 이 여성들은 대개 일정 기간 동안 소셜미디어나 인터넷 메신저를 통해 이상적 이슬람 세계에 대해 이야기를 나눈다고 한다. 유럽에 사는 세속적 무슬림 집안 학생들은 이슬람에 어느 정도의 이해가 있는 만큼 이슬람 전사의 강력하고 자극적인 메시지에 현혹될 가능성이 있다. 최근 이러한 여성들은 지하디 신부(Jihadi Brides, 이슬람 전사의 신부)라 불린다.

유럽에 사는 무슬림 2, 3세대 여성이 사춘기에 겪는 사회적 소외감 역시 시리아행을 굳히는 이유 중 하나다. 소외감은 인터넷을 통해 왜곡 해석한 종교적 교리에 빠져들게 한다. 더 나아가 IS가 이상적인 국가라는 착각을 불러일으킨다.

독일인 여성 카디자가 시리아 국경을 넘어간 사실은 유럽인에게 큰 충격을 줬다. 선진국에서 평범한 삶을 보낼 수도 있는데 굳이 위험한 여정의 길을 스스로 택했기 때문이다. 카디자는 자신이 성장한 유럽 사회의 문제점을 알게 되면서 시리아행을 결심했다고 한다. 카디자는 유럽이 이슬람 사회보다 더 타락하고 다른 종교를 인정하지 않는다고 주장했다. 심지어 프랑스 정부가 이슬람 복장인 부르카(눈을 제외한 신체 모든 부분 가리는 검은색 옷) 착용이 학교에서 금지될 정도로 종교의 자유를 보장하지 않는다고 비난했다. 이슬람 율법인 '샤리아'의 적용 범위 안에서 살고 싶었다는 카디자의 주장은 그럴 듯해 보인다. 그러나 카디자가 정작 인용한 쿠란의 구절과 그 뒷받침 논리는 이슬람의 원래 취지와는 거리가 멀다는 분석이 지배적이다. 사회적 소외감이 잘못된 환상을 이끄는 근본적 문제라는 지적이다.

전사가 되고자 시리아로 건너간 적극적인 여성도 있다. 자신의 신념과 주장을 행동으로 옮기기 위해 IS에 합류한 이들은 카디자처럼 종교적 환상에만 사로잡혀 있지만은 않다. 말레이시아 여성인 알바라는 자신의 소셜미디어에 지하드 전사를 치료하러 의사의 자격으로서 IS에 합류했다고 밝혔다. 알바라는 자신의 꿈이 의롭게 순교하는 것이라고 말했다.

외국인 대원의 선택, 죽거나 탈출하거나

외국인 청년들이 시리아, 이라크 행을 결심했다고 해서 IS에 반드시 합류했다고 결론 내릴 수는 없다. 터키와 시리아의 국경을 통과하지 못할 수도 있다. 출국 직전 자국 공항에서 정보 당국에 적발되거나 부모의 사전 신고로 미수에 그치는 경우도 많다. 시리아의 접경지역인 터키까지 갔다가 보안군과 사복 경찰에 발각돼 본국으로 강제 송환된 적도 있다. 한국에서도 김 군 이외 두 명이 같은 길을 가려다 공항에서 출국금지 조치됐다는 보도도 나왔다.

터키에서 시리아 영토로 넘어갔다 해서 모두 IS에 가담하는 것도 아니다. 시리아행을 선택한 사람들이 똑같은 사상과 목표를 갖고 있지 않기 때문이다. 시리아 여행을 하는 사람 중 60~80퍼센트 정도는 IS에 합류하지만 나머지는 시리아 최대 반군 조직인

5개 이슬람 무장 단체에 의한 희생자 수(2000-2013년)

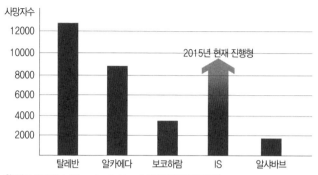

참고자료: GTD(Global Terrorism Database), 자료 취합하여 필자 재구성

누스라 전선에 가입하기도 한다. 집을 잃은 시리아 난민과 고통
을 나누며 함께 사는 경우도 많다.

　외국인 IS 대원의 생사는 대개 비극적으로 끝난다. 외국인 전
사가 되려는 이유를 IS의 입장과 지원자의 입장으로 나눠 살펴봐
도 그 결말은 '죽어야 끝나는 게임'이거나 '운 좋게 탈출'하는 경
우다. IS에 가입한 청년들의 부모는 자식이 무사히 탈출하기만을
바라지만 그 실현 가능성은 매우 희박하다.

　실제 모델과 DJ로 활동하던 호주 멜버른 출신의 샤키 자마(25)
의 부모는 2015년 4월 그의 아들이 시리아에서 총에 맞아 숨졌다
는 통보를 받았다. 자신의 아들 사망 소식을 듣고서야 아들의 IS
가입 사실도 알게 됐다. 자마 가족의 한 지인은 "그 부모는 아들
이 IS에 가입한 사실을 몰랐다"고 말했다. 자마는 2014년 8월 소
말리아계 다른 호주인과 함께 사라졌고, 이후 가족은 아들이 IS
에 가입했다는 소식을 뒤늦게 접했다.

독일인 에브라힘 B(26)는 운이 따른 경우다. 2014년 6월 IS에 합류했다가 3개월 만에 탈출에 성공했다. 그는 탈출 후 이례적으로 독일 언론과 인터뷰를 했다. 그는 얼굴까지 공개한 인터뷰에서 전투 대원과 자살폭탄 대원 중 하나를 택해야 하는데 이는 두 경우 모두 '죽음'의 선택이라고 밝혔다.

그는 독일로 귀국하자마자 경찰에 체포돼 구속됐다. 그래도 그는 "시리아에서의 자유보다 독일의 감옥이 낫다"고 했다. 그는 "모집책이 IS에 합류하면 영웅이 될 수 있고 비싼 차를 몰면서 네 명의 아내를 얻을 수 있다고 했는데 만약 상상대로였다면 도망치지 않았을 것"이라고 토로했다. IS의 선전전은 현실과 동떨어진 허상일 뿐이라는 얘기다. 에브라힘은 또 "IS와 이슬람교는 전혀 별개"라며 "전투에 나가면 아무도 포로로 삼지 않고 모두 죽이라고 세뇌 당했다"고 털어놓기도 했다.

이처럼 20대 청년들이 자원해서 모험 여행을 떠나는 경우 그 최후는 비관적으로 점철된다. 시리아로의 여정, 외국인 전사가 된 이후 마지막 장은 '죽음' 또는 '탈출'이라는 것을 보여준 사례다.

이러한 사례의 이면을 보면 이들은 IS 가입 의도와 상관없이 또 다른 폭력과 맞닥뜨린다는 사실을 알 수 있다. 결과적으로 이 폭력은 새로운 폭력 또는 폭력의 확산을 이끈다. 외국인 청년들은 자신이 몸담은 사회에서 느낀 소외감이나 차별에 발끈해 IS에 가입했을 가능성이 크지만 그 문제의 해법을 찾지 못하는 경우가 대부분이다. 결국엔 또 다른 새로운 갈등에 직면하게 되고 '죽음과 탈출'의 기로에 서게 된다. 각자의 유토피아를 꿈꾸는 여행은 이 단어의 뜻처럼 '어디에도 이상적인 세계는 없다'는 점을 뒤늦게 깨달을 것이다. 반면 이를 깨닫지 못한 채 폭력의 선택이 올바른 길이었다고 끝까지 믿다가 최후엔 죽음의 문턱에 다다를 수 있다.

IS의 선전전과
미디어 전략

IS는 기존의 다른 이슬람 무장단체와 달리 최신형의 미디어 수단을 사용하고 있다. 중동에서 극단주의 무장단체가 수도 없이 등장했지만 이번처럼 주도면밀하게 미디어 전략을 구사한 적은 없었다. IS는 기존의 이슬람 무장단체가 아랍어 소책자나 육성 녹음의 아날로그식 홍보를 넘어 가장 진화한 형태의 선전전을 펼쳤다. 유창한 영어 구사와 세련된 영문 잡지로 IS를 화려하게 포장했다. 세계 청년들이 즐겨 사용하는 소셜미디어로 선전전을 극대화했다. 이로 인한 효과는 과거 이슬람 급진세력과는 차원이 달랐다. IS처럼 영토를 빠르게 확장하면서 정부 기능까지 수행한 조직은 더더욱 찾아보기 어렵다. IS가 이라크와 시리아에서 실질적으로 영토를 지배하고 세계 각지로부터 대원을 끌어 모을 수 있었던 배경에는 인터넷과 소셜네트워크서비스가 존재한다.

스타에서 은둔자로,
지하디 존

　　IS가 서양인을 내세워 선전전을 펼치려는 이유는 뛰어난 홍보 효과 덕분이다. 유창한 솜씨로 영어를 구사하거나 외국인 외모를 지닌 대원이 등장하면 세계 미디어의 시선을 단숨에 사로잡는 것은 당연하다. 이를 통해 IS는 연출된 동영상과 컬러 사진에 외국인 대원의 모습을 노출시키면서 그 효과를 배가할 수 있다. 〈CNN〉과 〈BBC〉, 〈알자지라〉를 포함해 〈AP〉와 〈AFP〉, 〈로이터 통신〉 등 유수의 외신사도 외국인이 출연한 동영상이나 사진이 나오면 해당 인물의 악센트를 분석해 어느 나라 출신인지를 예측 보도하는 등 취재에 더 열성적이다. 물론 취재 기자로서 궁금증을 자아내는 인물을 분석하는 것은 당연하지만 IS의 선전전에 그대로 말려드는 셈이다. IS로서는 '글로벌 지하디즘'을 추구하는 기회가 된다.

　거침없이 영어를 구사하는 IS 외국인 대원이나 유럽 출신의 대원이 인질 참수를 하거나 자살 폭탄에 가담하면 그 기사의 비중은 아랍인과 비교해 훨씬 커진다. 그 대표적인 이가 IS의 스타급 인물로 떠오른 '지하디 존'이다. 2015년 2월 영국 정보당국 등을 인용한 '지하디 존'에 대한 기사가 대대적으로 쏟아졌다. 지하디 존의 정체가 처음 밝혀졌기 때문이다. 지하디 존은 IS가 외국인 인질을 잇달아 참수하는 동영상에 검은색 옷을 입고 등장, 세계 언론의 스포트라이트를 한몸에 받은 인물이다.

1988년 쿠웨이트에서 태어난 지하디 존의 본명은 모함메드 엠와지이다. 경제적으로 어려움 없이 자랐던 엠와지는 여섯 살 때 가족과 함께 영국 런던으로 이주한 성실하고 예의바른 학생이었다. 그러나 이슬람교도에 대한 영국 정보국(MI5)의 부당한 대우에 급진주의자로 전향한 것으로 알려졌다. 엠와지는 영국 이슬람 단체 케이지CAGE와 나눈 대화에서 2009년 닉이라는 이름의 MI5 요원이 "테러단체에 합류하려고 소말리아에 가려는 것 아니냐"며 위협 투로 말했다고 소개한 적이 있다. 엠와지는 당시 탄자니아에 사파리 여행을 가려다가 비슷한 이유로 입국을 거부당해 돌아온 적도 있었다고 털어놓기도 했다. 나중에 엠와지는 IS의 급부상에 덩달아 유명세를 탔다. 그러다 신원이 처음 공개되자 엠와지의 신상정보 역시 줄줄이 샜다. 지하디 존은 2015년 초 일본인 인질 참수를 마지막으로 자취를 감췄다.

지하디 존 이외 외국인을 활용한 IS의 선전전의 예는 많다. IS는 2015년 5월 19일 독일인 출신의 IS 대원이 이라크에서 자살 폭탄을 감행했다고 발표하기도 했다. 보통 이라크와 시리아에서 자살 폭탄테러 사건이 발생할 경우 단신으로 취급되지만 이번 건은 독일인이 화두가 돼 세계 언론의 더 큰 주목을 받았다. IS는 아시아계로 보이는 앳된 얼굴의 10대 소년이 성인 남성 두 명을 총살하는 영상을 공개하기도 했다. 영상 속 총살 장면은 슬로우 모션까지 더해져 더욱 자극적인 상황을 연출했다.

지하디 존

이름: 모함메드 엠와지|Mohammed Emwazi

코드명: 지하디 존

태어난 해: 1988년 쿠웨이트, 1994년 영국으로 이주

학력: 컴퓨터 전공, 웨스트민스터 대학

경력: 2009 쿠웨이트 IT회사, 영업사원, 2012 영어교사양성과정 수료

특이사항: 제임스 폴리, 스티브 소트로프 등 미국인 기자 참수 외 다수

참고자료: Guardian, Cage

IS는 외국인 대원과 소년을 선전전에 내세움으로써 홍보의 극대화를 노렸다. 특히 공포심을 유발하는 자극적 이미지는 100번의 협박, 연설보다 효과가 더 크다. IS의 기본 전략인 극단주의 사상 전파와 존재감 과시 효과를 톡톡히 본 셈이다. 강대국 미국과 영국, 프랑스에서조차 IS가 위협적 존재로서 거론되는 것에 세계 각지의 '외로운 늑대'들은 IS의 공포 전략에 더 큰 매력을 느낄 수 있다.

그러나 이러한 전략은 장기적으로 한계에 직면할 수 있다. 외국인 활용 선전 전략이 식상해져 IS 탄생 초기만큼 큰 주목을 끌기 어렵기 때문이다. 세계 각국 정부도 IS에 가담한 자국인이 이미 누구인지 파악하고 있어 외국인 IS 대원이 나온다 해도 '깜짝 출현' 효과는 반감될 공산이 크다. 그만큼 국제사회에 주는 충격파도 덜하다는 의미다. 참수나 자살 폭탄 같은 극악무도한 행위를 한 외국인 인물 그 자체보다 IS의 잔혹하고 부정적 이미지에 초점이 맞춰지는 최신 언론보도의 경향도 IS의 미디어 효과를 반감시킬 수 있다.

IS 대원들은 자신의 신분이 노출될 경우를 두려워하는 것으로 보인다. 외국에 거주하는 그들의 가족과 친척, 친구들을 곤경에 처하게 하고 자신의 입지를 더욱 좁게 할 개연성 때문이다. '참수 전문가'로 낙인찍힌 '지하디 존' 역시 자신의 신원이 탄로 난 뒤 더 이상 선전 동영상에 나오지 않는 상황이 이를 뒷받침한다. 지하디 존이 이라크, 시리아를 벗어나 북아프리카로 탈출을 시도했거나 공습으로 이미 사망했다는 보도도 나왔다.

가상현실 속의 치명적 무기, 소셜미디어

2015년 6월 기준으로 IS를 추종하는 트위터 계정은 최소 5만 개로, 각 트위터의 팔로워가 평균 1000여 명에 달했다. 트위터 본사에서 IS와 연관된 계정 2000여 개를 폐쇄했지만 여전히 역부족이다. IS 연계 단체는 지금도 트위터 계정을 새로 만들어 자신들이 각종 폭탄 공격과 총격 테러를 저질렀다고 주장하고 있다.

터키를 거쳐 IS에 가담한 한국인 청년 김 군도 트위터를 통해 IS와 접촉했다. 소셜미디어를 통한 IS의 1대1 접근방식은 상당한 흡인력을 갖는다. IS는 개별적 의사소통으로 IS에 흥미를 가진 이들의 고민을 들어주고 관심사를 공유해 가상현실에서 친밀감을 형성했다. 이 친밀감에 현혹된 세계 각국 청년들은 IS에 가입하기 위해 시리아·이라크로 몰려들었다.

IS는 SNS를 자신들의 종교·정치적 주장을 펼치고 세를 홍보하는 주요 수단으로 삼았다. 세계 언론의 관심을 끄는 대형 테러 사건이 벌어지면 IS는 즉시 트위터나 페이스북 등 SNS로 자신의 소행임을 주장했다. 세계를 경악케 한 외국인 인질 참수 장면, 세계 유적 파괴, '외로운 늑대'형 테러는 물론 파리 연쇄 테러, 러시아 여객기 추락 등의 배후를 자처하고 정부군을 상대로 한 승전 동영상과 사진을 배포하는 경로도 SNS다. IS는 기존 테러조직이 서구 거대 언론 탓에 취약점을 드러냈던 여론전을 SNS로 만회했다.

IS의 선전 수법은 다른 이슬람 극단주의 조직이나 테러단체와 비교해 단연 돋보인다. 영상과 활자 매체를 동시에 이용하고 SNS을 통해 선전하고 싶은 내용만을 실시간으로 전달했다. 이를 총괄하는 곳은 IS의 핵심 부서인 '알하야트Al-Hayat 미디어센터'다. 시리아에서 촬영된 외국인 인질 참수 영상에는 '알하야트 미디어센터'가 제작했다는 로고가 들어 있다. 이 센터는 동영상의 기획부터 연출, 촬영, 편집, 온라인 등재 등 모든 과정을 담당한다. IS는 점령지 내 주민들이 행복해하는 생활상이나 정부 기능을 충분히 해내는 것처럼 행동하는 IS 대원의 활동을 기획, 촬영한다. 알하야트 미디어센터는 영상물은 물론 선전전의 대표 매체인 〈다비크〉를 제작, 발행한다.

선전전의 첨병 영문 잡지 '다비크'

IS의 대표 선전물은 영어로 발간되는 디지털 잡지 〈다비크〉다. 〈다비크〉는 잡지명을 시리아 북부 최대 도시 알레포에서 북쪽으로 약 40킬로미터 떨어진 곳의 지역 이름에서 따왔다. 인구는 약 3000명에 달하는 실제 마을이다. IS가 잡지명으로 이 작은 마을의 이름을 딴 이유는 상징성 때문이다. 〈다비크〉는 무함마드의 언행록 하디스에 언급된 마을로, 최후의 날 직전 십자군과의 전쟁이 시작되는 곳이다. 〈다비크〉와 함께 시리아 북부의 아마크 마을도 최후의 전투 장소로 함께 거론된다.

2014년 7월 5일 첫 발간된 이 홍보 잡지는 2015년 11월 현재 제12호까지 발간됐다. 이후에도 추가적으로 계속 발간될 것으로 전망된다. 이슬람력으로 발행일을 표기한 이 잡지는 한두 달에 한 번 꼴로 나왔다. 이슬람력은 예언자 무함마드가 성지 메카에서 메디나로 이주한 622년 7월 16일을 원년 1월 1일로 정한 태음력이다.

〈다비크〉는 그 이름에서 알 수 있듯 이슬람 사상과 교리의 설명이 주된 내용을 차지한다. 대략 50쪽 내외의 이 잡지를 보면 내용이 잘 포장된 고품격 잡지란 느낌을 받는다. 세련된 편집에 컬러 사진과 도표, 삽화, 글을 적절히 조화시켰다. 영어 표현 역시 어색한 부분이 없을 정도로 영어권에서 전문 교육을 받은 사람이 제작, 편집한 것으로 보인다. IS는 〈다비크〉를 홍보 수단뿐만 아니라 내부 소통용으로도 사용하고 있다. 〈다비크〉 기사는 IS의 칼리프 국가 수립 열망과 선전, 이슬람 교리, 장기 전략, 외국인 대원 모집, 점령 상황, 차기 목표물, 세 과시 등을 주로 다뤘다.

그러나 그 제목과 내용을 차근차근 읽어보면 체제 결속용 잡지 또는 대외 선전물이란 점을 깨닫게 된다. 각 호의 제목이나 추천 기사를 보면 정통 칼리프 시대의 회귀를 꿈꾸는 IS의 시대착오적 기본 사상을 가늠할 수 있다. '최후의 날'도 거론하며 종말론적 색채도 드러내고 있다.

〈다비크〉는 이슬람 사상의 교리를 선전하고 영토 확장, 잔혹한 행위 등을 정당화하는 도구나 다름없다. 서구 국가를 지칭하는 의미로도 사용되는 '로마', '로마인'에 대한 항전을 선동하기도

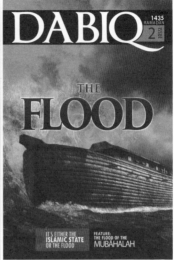
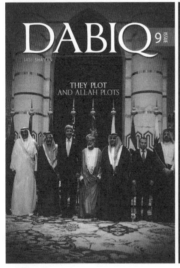
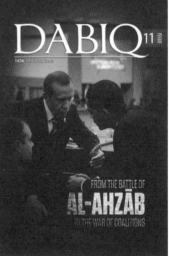

영문 잡지 '다비크'

- 1호(2014. 7. 5)　　칼리파제의 복원
- 2호(2014. 7. 27)　　홍수
- 3호(2014. 8)　　히즈라로 부름
- 4호(2014. 10)　　실패한 십자군
- 5호(2014. 11)　　머무름과 확장
- 6호(2015. 1)　　와지리스탄의 알카에다: 내부로부터의 언약
- 7호(2015. 2. 12)　　위선에서 배신으로: 회색지역의 소멸
- 8호(2015. 3. 30)　　샤리아법만이 아프리카를 통치 할 것이다
- 9호(2015. 5)　　인간의 계획과 알라의 계획
- 10호(2015. 7)　　알라의 법, 인간의 법
- 11호(2015. 9)　　알 아흐잡 전투에서 동맹전까지
- 12호(2015. 11)　　오로지 테러

한다. IS 대변인 모함마드 알아드나니는 2014년 10월(4호) 발간된 이 잡지에서 "우리는 로마를 정복하고, 십자가를 파괴하고, 당신들의 여자를 노예로 삼을 것"이라고 주장했다. 이슬람과 기독교의 종교 전쟁을 부추기고 노예제도의 부활을 찬동하는 발언이다. 이 홍보 잡지는 전 세계 특히 유럽에서 젊은이를 충원하고 교육하는 데도 쓰인다.

온라인 미디어 전략에 걸려든 청년들

　　　　IS의 가장 강력한 무기는 자동화기나 로켓포, 지대공 미사일이 아니다. 바로 능수능란하게 다루는 소셜미디어다. IS는 이를 기반으로 한 쌍방향 소통으로 대원을 모집해 왔다. 수시로 정보와 의견을 교환하며 세계 각지의 청년에게 즉각적인 반응과 행동을 유도했다. 컴퓨터 그래픽을 가미해 완성도를 높인 〈다비크〉도 선전전에서 크게 한몫 거들고 있다. 현대 기술의 사용은 과거 알카에다나 다른 급진주의 무장단체가 구사하는 일방통행식 홍보와는 속도나 영향력 면에서 월등하다.

　IS의 치밀한 선전전은 새로운 인터넷 매체에 익숙한 청년들을 쉽게 꼬임에 빠뜨리게 한다. 과거 아프가니스탄에서 활동하던 외국인 용병의 연령대는 25~35세 수준인데 반해 현재 IS에 동조하는 외국인 전사의 나이는 그보다 적은 18~29세다. 요즘 청년들은 페이스북과 트위터, 인스타그램 등 소셜미디어를 통해 자신의

아랍어 소셜미디어 속의 IS

테러리즘	4.7%	8.3%	서구세계에 대응
통치 부적합	6.1%	12.3%	이슬람 결집
자유에 어긋남	17%	17.4%	이슬람 국가 건설
폭력	28.9%	26.2%	이슬람 개종
종교를 정치 수단으로 사용	32.8%	37.5%	이슬람 방어
IS에 관한 부정적 표현			**IS에 관한 긍정적 표현**

참고자료: Voices, Social Media

의견을 표출하고 남의 피드백에 쉽게 영향을 받는 경향이 강하다. 아프가니스탄에서 활동한 지하디스트가 종교적 신념으로 뭉쳐 전투 집단을 구성했다면, IS는 종교적 신념에 개인의 사회적 불만이 더해진 자발적 극단적 이슬람주의자의 집합체로 규정할 수 있다.

IS는 소셜미디어를 통해 '선전'과 '대원 홍보'란 두 마리 토끼를 노리고 있다. IS는 종교 이슬람을 정치적으로 이용해 종교 투쟁, 군사 작전 등을 세련된 기술로 포장해 전 세계에 유포하고 있다. 일부 청년들은 자연스럽게 소셜미디어의 영향을 받아 IS의 선전전에 말려들었다. IS는 쌍방향 의사소통의 이점도 활용한다. 가령 "IS 이외의 발표나 언론 보도를 믿지 말고 오로지 IS 대원의 말과 발표만 사실이며 그것만 믿고 따르라"고 청년들의 눈과 귀를 봉쇄해 버린다.

김 군도 IS의 소셜미디어의 덫에 걸려들었을 수 있다. 김 군이

IS에 가담하려고 터키로 향하기 전 오랫동안 인터넷 검색과 소셜미디어를 통해 선전성 정보를 대량으로 습득한 것으로 보인다. 우리나라 방송통신심의위원회는 2015년 1월부터 IS의 행동을 미화하거나 가입을 조장하는 게시글 접속을 차단하거나 삭제하고 있다. 극우 성향의 온라인 커뮤니티인 '일간베스트저장소(일베)' 등 일부 사이트에서 IS가 전 세계 청년들을 끌어들이려 소셜미디어에 유인책을 올린 사례도 있다. 프랑스의 한 여기자는 이를 역이용해 IS 핵심 간부와 장기간 인터넷 채팅을 하며 IS 내부 정보를 빼내 기사화하기도 했다. 이 여기자는 나중에 살해 협박을 받기도 했지만 IS의 미디어 전략을 이용해 자신이 원하는 정보를 얻는 데 성공했다.

IS가 소셜미디어에 집착하는 이유는 시간과 장소를 가리지 않고 단시간에 영향력을 행사할 수 있는 접근성 때문이다. IS가 시리아와 이라크에서 빠른 시간 안에 영토를 확장한 IS의 '행동과 승리'란 자신들의 모토를 적극적으로 홍보한 점도 있다. 모험심과 도전정신이 큰 20대 청년들로서는 IS가 던져 놓은 올가미에 더 쉽게 걸려들 수 있었던 셈이다.

파라다이스에 협혹된
자살 폭탄

서구 언론에 테러리스트로 간주되는 IS 자살폭탄 대원들은 내부에서는 순교자로 칭송받고 있다. 이슬람교에서 지하드를 수행하는 과정에서 순교자가 되면 '젖과 꿀이 흐르는 천국에서 처녀 72명과 영생을 함께할 수 있다'는 소문이 돌기도 한다. 순교하면 아무런 고생과 고통 없이 아리따운 처녀들에 둘러싸여 그야말로 파라다이스에서 호위호식할 수 있다는 식이다. 그러나 쿠란에는 '처녀 72명'에 관한 구절은 나오지 않는다.

출처는 분명치 않으나 IS는 이러한 유혹적인 미끼로 자살 공격을 '성전'으로 둔갑시킨다는 시나리오가 심상찮게 흘러나온다. '처녀 72명' 소문이 사실이라면 이는 자포자기 심정의 젊은 남성들을 겨냥한 선전전과 다를 바 없다. 이슬람 급진주의 사상에 영향 받기 쉬운 혈기 왕성한 청년들이 이 선전전에 넘어가 이상 세계에 대한 환상을 품게 된다면 자살 폭탄이라는 극단적 선택을 할 가능성은 충분하다. 지속적인 혼란 상태에서 한 줄기 희망이 될 수 있는 환상은 강력한 동기 부여가 될 수 있기 때문이다.

IS 대원들이 무자비하고 잔인하다는 인식을 심어주는 이유 중 하나는 자살 폭탄 공격에서 비롯된 측면이 크다. IS는 이 방식을 통해 적으로 간주하는 정부군과 반대파 민병대원은 물론 민간인을 대상으로 무차별 살상을 하고 있다. 그런데 의문이 남는다. 이슬람 경전인 쿠란에서는 자살을 금기시해서다. 이슬람 교리와 IS의 자폭 공격이 서로 모순되는 것이다. 이슬람 교리를 핵심 이념으로 삼은 IS로서는 자살 공격은 실행하지도 부추기지도 말아야 할 행위다.

그렇다고 자살 폭탄을 감행하는 사람들은 정신이상자가 아니다. 이러한 사실은 학계 조사에서 여러 차례 확인됐다. 강압에 못

이겨 윗선의 지시만 받고 감행했다고 볼 수도 없다. 왜냐하면 정신이상자가 폭탄 공격을 위한 훈련을 받을 때 또는 강압이나 폭력에 의해 폭탄 공격 예행연습을 할 때 화가 나거나 자포자기 심정으로 스스로 폭탄을 터뜨릴 가능성이 크기 때문이다.

서구의 관점에서 자살 폭탄 공격과 이슬람의 연관성이 자주 제기된다. 그러나 반드시 그렇다고 단정 지을 수 없다. 주류의 이슬람학자들에 따르면 평화를 추구하는 이슬람 교리에서 자살 폭탄 공격은 금기시된다. 이슬람 사회에서 같은 무슬림을 겨냥한 자살 폭탄 테러는 더욱 용서받을 수 없는 행위다.

이슬람의 자살 금기 사항과 IS의 자살 폭탄 공격 사이의 모순은 IS가 이슬람 사상을 왜곡하고 그 행위자를 교묘하게 조종하는 데서 그 원인을 찾을 수 있다. IS는 자살 공격 행위자들이 잘못된 종교적 신념에 빠지도록 세뇌 시키고 순교사가 될 것을 강요한다. 사실 자살 폭탄 테러범은 혼자 폭탄을 제조해 목표물을 정하고 현장으로 가서 스스로 범행을 저지르지 않는다. 누군가에 의해 사상 교육을 받고 폭탄 다루는 훈련을 받고 나서 상관의 지시에 따라 자살 폭탄 공격을 실행한다.

IS는 다른 이슬람 극단주의 무장단체처럼 크게 세 단계에 걸쳐 자살 공격을 사주했을 것으로 분석된다. 첫 단계로 가난하고 제대로 교육받지 못하거나 이슬람 신념이 두터운 사람 등을 중심으로 자살 공격조를 구성하는 것이다. 보상 차원에서 가담자 가족들에게 음식과 옷 등 기본 생필품을 제공하기도 한다. 두 번째 단계로 쿠란과 하디스를 왜곡 해석한 내용을 가르치고 이를 세뇌

시키는 것이다. 이때 외부 방송매체와 접속을 차단시키고 폭행과 굶주림으로 외부 세상에 대한 혐오심을 고취시킨다. 동시에 순교 자로서 죽고 나서 천국에 갈 수 있다고 보상에 대한 환상을 심어 준다. 마지막으로 지하드를 완성할 수 있도록 인식을 갖게 한 뒤 자살 폭탄 테러를 실제 감행하게 하는 단계다.

IS는 '지하드' 개념을 이용해 폭탄 테러범의 사상을 극단적으로 몰고 간다. 이슬람 극단주의 단체에서 흔히 '성전'으로 해석되는 지하드를 수행해 파라다이스, 즉 천국으로 갈 수 있다고 꾀는 수법이다. IS는 이슬람 황금기로 간주되는 '칼리프 국가' 재건에 일조하는 순교자로 치켜세우며 자살 공격 가담자들을 '비극의 길'로 인도한다.

IS가 자살 폭탄 공격을 감행했다고 주장한 곳은 주로 이라크 시아파 거주지다. 수니파인 IS 대원이 시아파 마을의 모스크와 재래시장에서 자폭한 경우가 대부분이다. 반대로 수니파 밀집 지역에서는 IS의 폭탄 테러가 거의 발생하지 않는다. 이는 IS가 비이슬람교도를 타깃으로 삼은 게 아니라 오랫동안 갈등을 겪은 다른 종파를 겨냥해 폭탄 테러를 감행했음을 시사한다. IS는 2015년 11월에 파리 연쇄 자폭공격의 배후를 자처하기도 했다.

자살 폭탄의 역사적 사례들을 살펴보면 테러범 모두가 무슬림은 아니었다. 무슬림도 있지만 유럽의 과격단체 대원, 유대인, 아시아 급진단체 소속 회원 등 다양하다. 가톨릭계 무장조직인 아일랜드공화국군(IRA)과 스리랑카의 분리주의 반군단체인 타밀 타이거 등은 정부도 두려워할 정도의 자살 폭탄 테러로 유명하다.

남미의 페루와 아르헨티나에서도 게릴라 조직의 테러 사건도 폭탄 테러 전문가들의 연구 대상이었다. 자살 폭탄 공격은 아니더라도 제2차 세계대전 때 일본인 조종사가 편도 분량의 연료만 싣고 미국 해군을 공격한 '가미카제' 역시 자살 공격으로 분류할 수 있다. 이들은 무슬림이 아니었지만 분명한 목표 아래 자폭 공격을 실행한 것이 공통점이다.

자살 폭탄 전문가로 알려진 미국의 로버트 페페Robert Pape 교수는 실질적 데이터를 토대로 연구한 학자로서 명성을 쌓았다. 그의 연구 결론도 이슬람과 자폭 테러는 직접적 연관성이 없다는 데 초점이 맞춰져 있다. 페페는 1980년~2003년 자살폭탄 462건의 공격 배경과 이유를 처음으로 실증 연구해 주목을 받았다. 그 당시엔 이스라엘과 팔레스타인 분쟁이 한창인 때도 있었지만 그의 결론은 이슬람 종교가 자살 폭탄을 이끈 주요 원인이 아니라는 것이었다. 외부 세력의 직간접적 개입이 자살 폭탄 공격을 이끌었다는 게 그의 지론이다. 이 연구는 그동안 이슬람이 자폭 테러와 연관이 있을 것이란 편견을 깨는 계기가 됐다. 이후에도 페페의 이론을 뒷받침하는 연구 결과나 이론이 잇달아 나왔다.

여성이 자살 폭탄에 가담하는 경우도 심심찮게 보도되고 있다. 여성은 감시나 검열에서 상대적으로 남성보다 자유롭고 니캅과 차도르 같은 복장을 하면 폭탄을 숨기기도 쉽다. 여성이 자폭 공격에 가담하는 경우는 남자들과 마찬가지로 윗선이나 지휘관의 지시를 받아 실행한 경우가 많았다. 세네갈은 테러 위협이 확산하자 여성이 몸 전체를 검은 천으로 가리는 부르카 착용 금지를

자살폭탄 테러 과정

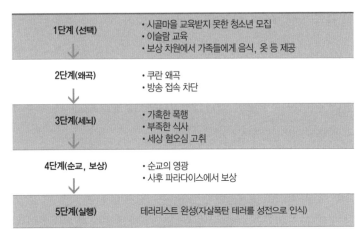

1단계 (선택)	• 시골마을 교육받지 못한 청소년 모집 • 이슬람 교육 • 보상 차원에서 가족들에게 음식, 옷 등 제공
2단계(왜곡)	• 쿠란 왜곡 • 방송 접속 차단
3단계(세뇌)	• 가혹한 폭행 • 부족한 식사 • 세상 혐오심 고취
4단계(순교, 보상)	• 순교의 영광 • 사후 파라다이스에서 보상
5단계(실행)	테러리스트 완성(자살폭탄 테러를 성전으로 인식)

* 주: 탈레반 훈련소에 영상을 담은 내용을 중심으로 자살폭탄 테러 과정, 필자 재구성
* 참고자료: 샤미인 오베이드 치노이(Sharmeen Obaid-Chinoy), 영화제작자

검토하기도 했다.

여성이 자살 폭탄을 감행하는 이유는 크게 두 가지로 설명된다. 첫째는 자폭 공격을 지휘하는 간부급이 전략상 폭탄 공격을 효과적으로 수행하기 위해 몇몇 여성을 골라 집중적으로 교육시키는 것이다. 둘째는 적과 전투에서 숨진 남편이나 가족을 위해 복수를 하라는 명분을 주입시켜 자폭 공격을 조종하는 것이다. 둘째 유형의 자폭범은 순교를 통해 이승에서 이미 숨진 가족을 만날 수 있다는 환상을 갖고 있을 수 있다.

여성이 남성과 동등하다는 것을 보여주기 위해 자살 폭탄 공격을 했다는 가설도 제기된다. 하지만 이는 설득력이 약하다. 남성 위주의 보수적 성향을 가진 중동 사회에서, 특히 여성의 활동을 엄격하게 제한하는 IS 점령지 내에선 여성의 인권이나 권리 신장은 현실적으로 받아들이기 어려운 요구 사항이다.

남녀를 떠나 자살 폭탄을 감행한 이유를 한 가지로 설명할 수는 없다. 본인의 종교적 신념 아래 행해졌는지 파악하기도 어려울 뿐더러 행위자가 미수에 그친 소수를 뺀 모두가 사망했기 때문에 그 이유를 물어볼 수도 없다. IS와 관련된 자살 폭탄 공격도 이슬람과 직접적으로 연결시키기는 무리로 보인다. IS가 이슬람의 사상을 이용해 선택의 폭이 없는 사람들을 세뇌하고 자폭 공격을 선동, 강요했다고 보는 게 더 타당할 것 같다.

최후의 전투로 포장된
종말론

이슬람 예언자 무함마드가 쿠란에서 제시한 '최후의 심판'과 '최후의 전투'는 종말론을 근거로 한 것이다. 이 종말론 사상은 IS에 가입한 무슬림 대원에게는 의미심장할 수밖에 없다. 세상의 끝을 고하는 '종말'이 언젠가 다가오고 죽음에 대한 두려움과 사후 세계에 대한 기대를 줄 수 있는 사상적 기반이 될 수 있어서다. 종말론은 신의 장부에 따라 결산을 해 선행이 더 많은 이는 천국으로 가고, 악행이 더 많은 이는 지옥에 간다는 무함마드의 가르침을 뼈대로 한 사상이다.

IS는 쿠란에 나오는 '최후의 심판'을 〈다비크〉에서도 거론했다. IS는 종말론을 통해 대원들에게 두 가지의 심리적 효과를 기대할 수 있다. 우선 종말이 다가왔음을 고하면서 극단적인 사상을 더욱

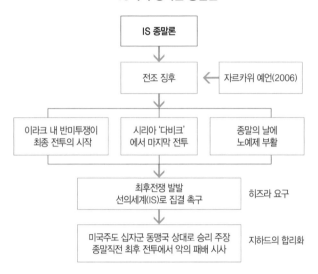

IS가 주장하는 종말론

```
          ┌──────────────┐
          │   IS 종말론    │
          └──────────────┘
                 ↓
          ┌──────────────┐        ┌──────────────────┐
          │   전조 징후    │  ←──   │  자르카위 예언(2006)  │
          └──────────────┘        └──────────────────┘
                 ↓
┌──────────────┐ ┌──────────────┐ ┌──────────────┐
│ 이라크 내 반미투쟁이 │ │ 시리아 '다비크'  │ │  종말의 날에    │
│  최종 전투의 시작   │ │ 에서 마지막 전투  │ │  노예제 부활    │
└──────────────┘ └──────────────┘ └──────────────┘
                 ↓
          ┌────────────────────┐
          │    최후전쟁 발발      │      히즈라 요구
          │  선의세계(IS)로 집결 촉구 │
          └────────────────────┘
                 ↓
          ┌────────────────────────┐
          │ 미국주도 십자군 동맹국 상대로 승리 주장 │   지하드의 합리화
          │  종말직전 최후 전투에서 악의 패배 시사  │
          └────────────────────────┘
```

극단으로 몰고 갈 수 있다. 동시에 IS 소속 대원에게는 기대, 희망을 부여하는 역할로서 이 이론을 이용하고 있다. 어차피 세상은 끝을 보게 될 터인데 종말 이후 지하드를 수행한 자들은 천국에 간다고 선전하는 것이다. IS는 종말론과 함께 사후 심판론을 심어주는 한편 사후에 보상받을 수 있다는 희망을 부여해 자폭 공격과 같은 적극적 행동을 유도할 수도 있다.

쿠란에 계시된 종말의 주요 내용은 '종말을 앞두고 선과 악의 최후의 대결에서 선이 승리한다'는 것이다. IS는 자신을 '선'으로 규정하고 무찔러야 할 악을 크게 두 가지로 분류했다. 첫째는 '좁은 범위의 악'으로 칼리프 국가 수립에 방해가 되는 이라크 정부군, 시리아 정부군, 적대적인 민병대 세력을 지목한다. '넓은 범위의 악'으로 보면 이라크와 시리아를 지지하는 외부 세력 즉 이란과 시아파 민병대, 십자군을 대변하는 서구가 IS의 악이다. 그 서구의 주축은 미국이다. IS는 〈다비크〉에서 9.11테러 사진을 게재하며 미국을 공격해야 할 주적으로서 묘사했다.

IS는 종말을 앞둔 지금의 혼란기에 '악'과 대결하고 있다며 세계 각국 무슬림에게 지원을 요청하고 있다. 동시에 시리아와 이라크에서 전쟁을 정당화하고 이 '최후의 전투'에서 승리할 수 있도록 전 세계의 무슬림에게 IS 가입을 독려하고 있다. IS는 〈다비크〉에도 종말론을 설명하며, '히즈라(이주)'를 실행하라고 촉구했다. 히즈라는 이슬람 예언자인 무함마드가 탄압과 박해를 피해 메카에서 메디나로 이주한 것을 말하는데 IS는 이를 상징적으로 조작해 IS 동조자에게 시리아와 이라크로 이주할 것을 요구한다. 그러나 IS의 종말론 근거는 쿠란 일부 내용의 상징성을 교묘하게 악용하고 왜곡했다는 비판을 받고 있다. IS는 쿠란과 하디스에 게시된 내용 가운데 자신에게 유리한 내용만을 부각시키고 오도해 무슬림을 잘못된 길로 선동했다는 것이다. IS의 선전 전략은 종말론을 포함한 이슬람의 상징성과 왜곡 해석을 통해 자신의 행동을 정당화하고 있다는 게 이슬람 학자들의 일반적 견해다.

중동의 격동 속에
태어난 IS

2011년 초 중동을 뒤흔든 '아랍의 봄'. 이 민주화 열풍은 튀니지를 시작으로 순식간에 북아프리카 전역과 걸프 국가로까지 확산됐다. 이 현상은 아랍권의 일부 독재정권을 청산하고 민주화로 나아갈 수 있다는 희망을 준 중대 사건이었다. 경제적으로는 정실 자본주의(crony capitalism)에서 벗어나 중산층이 부흥할 수 있는 기회의 신호탄이자 시민혁명으로도 여겨졌다.

　'아랍의 봄'은 민주화 열망을 분출시키기도 했지만 동시에 중동에 혼란을 가져오기도 했다. 2010년 튀니지발 '아랍의 봄'이 시작되고 나서 중동의 16개 국가에서 폭력 사태가 발생했다. 이로 인해 첫 13개월 동안 대략 9만 명이 사망했다. 그 중에서 정권이 바뀐 이집트와 리비아, 예멘에서는 지금도 각종 테러 사건과 유혈 충돌이 벌어지고 있다. 이 때문에 '아랍의 봄'이 뜻하지 않게 '아랍의 겨울'로 바뀌고 있다는 지적도 끊임없이 제기됐다. '아랍의 봄'이란 명칭도 '민중 봉기(Uprising)', '자각(Awakening)'이란 표현으로 대체되는 모양새다. 이러한 흐름 속에서 태동한 IS는 이라크에서 싹을 틔워 시리아에서 급성장했다.

'아랍의 봄' 이후 혼란기에 태동한 IS

'아랍의 봄'은 IS가 단기간 내 이라크와 시리아에서 세를 확장할 수 있었던 자양분이 됐다. 이 여파로 2011년 3월 민주화 시위가 발발한 시리아는 현재 IS가 활동하는 주 무대가 됐다. '아랍의 봄'으로 정권 교체가 이뤄진 이집트와 리비아, 예멘에서는 IS와 직간접적인 연계 조직들이 지금도 활동하고 있다. '아랍의 봄'은 더 이상 혁명(Revolution)이라고 정의되지 않는 이유다. 지금의 아랍권 내 불안정 시기를 좋은 의미로 해석해도 '혁명의 과도기', '민주화로 이행기' 정도에 머무는 실정이다. 정권 교체에는 성공했을지 몰라도 아랍세계에 전례 없는 혼란기를 가져다줬다는 해석의 비중이 높아진 탓이다. 그 사이 중동 여러 나라의 중앙정부는 예상치 못한 혼란에 능력의 한계를 드러냈고 IS는 활동의 폭을 넓히는 계기를 마련했다.

'아랍의 봄'은 일반적으로 중동, 아프리카 지역에서 정권 교체 열망을 표출한 시위를 일컫는다. 독재나 왕정에서 벗어나 정치적 민주주의를 갈망하는 시민의 움직임이 시작된 것으로 보고 세계 언론은 '프라하의 봄'에 착안해 '아랍의 봄'으로 불렀다. 시작은 북아프리카의 작은 나라 튀니지에서다. 중부 소도시의 대졸 노점 상 모하메드 부아지지(당시 26세)가 2010년 12월 17일 지방정부 청사 앞에서 분신자살한 사건에서 비롯됐다. 튀니지에서 발원한 시민 혁명의 물결은 초반에는 중동의 맹주를 자처하는 이집트에 서 30년 동안 철권통치를 해오던 호스니 무바라크 정권을 전복시 켰다. 이어 중동·북아프리카, 아라비아반도 일부 국가에서 민주 화 촉구 시위를 촉발하는 데 동력을 제공했다. 튀니지 이웃국가 리비아와 아라비아반도의 예멘도 국만 다수의 시위와 무장투쟁 으로 정권이 교체됐다.

그러나 점차 시간이 흐를수록 시리아와 리비아, 예멘을 포함해 중동 내 혼란이 더해가는 모양새다. 특히 시리아는 내전 양상이 갈수록 심각해지고 있다. 이슬람-세속주의 세력 충돌이 끊이지 않는 가운데 이집트에서는 자유민주 선거로 선출된 이슬람주의 자 무함마드 무르시 전 이집트 대통령이 2013년 군부에 축출당 하는 사태까지 벌어졌다. 리비아는 정부의 통제를 벗어난 민병대 가 여전히 활개치고 동서 지역 갈등이 더 깊어졌다. '아랍의 봄' 이 지나간 나라마다 갈등이 심화되고 고실업률과 나날이 치솟는 물가가 개선되지 않은 점도 국민의 불만을 증폭시켰다.

'아랍의 봄'은 중동 전문 학자들도 예측하지 못한 사건이었다. 학계에서는 그만큼 자조 섞인, 예측 능력의 부재를 한탄하는 목 소리가 나왔다. 뒤늦게 '아랍의 봄'이 왜 발생했는지에 관한 분석이 쏟아졌다. 아랍 국가들에 만연한, 독재정권에 대한 시민의 저항을 시작으로 민주화 이행기로 나아갈 것이란 기대감도 표출됐다. 그러나 '아랍의 봄'은 그 끝을 전망하기가 어려운 저항운동의 하나로 인식되고 있는 분위기가 팽배하다.

런던정경대(LSE)에서 국제관계학을 가르치는 조지 로슨George Lawson 교수는 '아랍의 봄'을 분석하면서 그 불완전성을 들춰내 주목받았다. 2012년 논문 〈아랍의 봄: 혁명 또는 시위?〉에서 로슨 교수는 '아랍의 봄'을 세 가지로 요약했다. 첫째, 일반적으로 혁명이 성공적으로 끝나는 경우는 역사적으로 매우 드물다. 현 집권 세력이 시민의 반란으로 잠시 타격을 입기는 하지만 이내 회복하여 다시 정권을 장악하기 쉽다. 둘째, 현재 아랍권이 과도기의 이행 과정에 있다. 아랍권 국가들이 반복되는 저항과 반란을 통해 시민이 원하는 국가의 모습을 갖춰나갈 것이다. 셋째, '아랍의 봄' 흐름 속에서 신념이나 이념이 뚜렷하게 드러나지 않았다. 지속적인 민주화의 방향이나 경제 불평등을 해소할 동기나 구심점이 부족했다는 문제는 결국 지금의 상황으로 귀결된다. '아랍의 봄'이 긍정적 의미로 민주화로 이행기나 과도기일 수 있어도 로슨의 분석처럼 '아랍의 봄'이 중동 지역에 불안정과 혼돈을 야기한 것도 분명한 사실이다.

'아랍의 봄' 여파에 독재정권이 잇달아 붕괴한 후 그 나라에서는 혼란이 지속하면서 종파 간 대립은 더 심해졌다. 중앙정부의 영향력 약화로 시리아, 이라크는 물론 리비아, 예멘, 튀니지는 IS 연계 단체의 공격 위협에 노출돼 있다. 튀니지에는 이미 외국인을 겨냥한 두 차례 대규모 테러 사건이 발생했다. IS는 온라인 성명을 통해 두 사건 모두 자신들의 소행이라고 주장했다. 튀니지는 2011년 이후 민주화 과정이 순조롭게 이행되는 듯 보였다. 그러나 뿌리 깊은 이슬람 주의와 세속주의 간 갈등은 '아랍의 봄' 이후 재발했다.

예멘의 상황은 더 좋지 않다. '아랍의 봄' 이후 유일하게 협상을 통해 정권이 바뀐 예멘 수도 사나에서는 계속되는 이슬람 모스크 자살 폭탄 테러로 대규모 사상자가 속출했다. 이 역시 IS의 예멘지부를 자처한 조직이 자신들이 저질렀다고 밝혔다. 이게 사실이라면 예멘에 존재하는 종파 간의 갈등이 유혈사태로 확산할 정도로 더 깊어졌음을 드러낸 것이다.

최근의 리비아와 이집트 상황도 녹록치 않다. 2015년 초 IS연계 세력은 리비아 유전지대를 공격하고 이집트 기독교 종파인 콥트교도를 집단 참수하는 영상을 공개했다. 리비아는 과도정부가 들어섰으나 이슬람 민병대와 세속주의 세력 간의 대립으로 내전의 소용돌이에 빠졌다. 이집트 시나이반도에서 활동하는 이슬람 극단주의 무장단체 알마크디스는 2014년 IS에 충성을 맹세하고 군인과 경찰을 겨냥해 총기 테러, 자살 폭탄 공격을 잇달아 감행했다.

'아랍의 봄'은 발생 초기만 해도 독재정권에 대한 저항, 민주화에 대한 열망을 대변하고 경제적 어려움을 타파하고자 시작된 '풀뿌리' 운동의 하나로서 긍정적인 평가를 받았다. 그러나 지금은 그 끝을 알 수 없는 예측불가능의 혼돈으로 이끌고 있다. 2011

년 혼란을 겪은 아랍 국가들은 현재 군사정권으로 회귀했거나 내전, 종파 분쟁에 휘말렸다. 이러한 혼란은 중앙정부의 동요와 능력 부족의 민낯을 그대로 드러냈다. 이후 국가가 통제하지 못하는 공간이 확대됐다. '정권 타도'를 목표로 삼은 '아랍의 봄' 당시 불었던 민주화 열망은 아이러니하게 IS 출현에 기여했다. IS의 영토 확장과 중앙정부에 실망한 소외된 주민들이 IS를 지지하는 상황에까지 이르렀다.

정권의 혼돈과 부패가 낳은 공권력 약화

'아랍의 봄'은 기존 정부의 부패를 청산하려는 국민적 사회 운동의 형태로도 볼 수 있다. 그러나 아랍의 봄은 동시에 중앙정부의 공권력 약화라는 결과도 초래했다. 이후 정부가 통치할 수 없는 무정부 상태의 공간과 영토가 생겨났다. 이상적인 이슬람 공동체, 즉 칼리프 국가를 수립하려는 IS가 그 공간을 메워 갔다.

IS가 단기간 내 영토를 확보해 국가까지 선포할 수 있었던 배경에는 기존 이라크 정부의 허약한 체질에서 실마리를 찾을 수 있다. 이라크 내부에 누적된 문제가 IS 사태를 계기로 터져 나온 셈이다. 그 내부 문제는 IS의 부흥과 맞물려 정권의 부패, 차별, 민중 억압에 대한 분노로 이어졌다. 주민에 대한 정부의 탄압과 종파 갈등까지 겹쳤다. 그 결과 내부 안보와 국경 통제도 허술해졌다. 이는 통치되지 않는 공간의 확대로 이어졌다.

사실 이라크 내부 문제는 IS가 태동하기 전부터 이미 심각했다. 이슬람 시아파인 누리 알말리키 정부는 수니파 주민에게 차별의 지도자로서 인식이 굳어진 상태였다. 알말리키 정권의 수니파 차별, 소외 정책과 탄압은 IS의 모태인 알카에다 이라크지부(AQI)가 세력을 배양할 밑거름이 됐다. 2011년 미군이 이라크에서 완전 철수했을 때 알말리키 정권에 대한 수니파의 불만은 절정에 달했다.

이라크군은 내부 부패로 국민의 신뢰를 잃었다. 군의 부패는 공권력 약화의 한 원인이 됐다. 이라크군은 후세인 정권 붕괴 후 국방과 국경선 통제보다 정치적 권력 투쟁에 더 관심이 많았다. 매관매직과 부패, 권력 남용 등이 이라크 군 내부에 만연했다. 이같은 내부 기관의 무능과 부패는 국가 제도와 시설 관리, 역할의 실패로 이어졌다. 경찰 조직도 마찬가지다. 2013년 전략과 국제연구센터 보고서(Center for Strategy and International Studies Report)는 이라크 경찰을 종파, 분파, 부패, 무능력으로 요약했다.

이라크와 국경을 맞댄 시리아의 내부 부패도 IS 사태 원인을 논의할 때 빼놓을 수 없다. 시리아의 부패는 수치로 이미 증명됐다. 국제투명성기구(Transparency International) 발표에 따르면 2011년 부패인식지수에서 시리아가 183개국 중 129위에 머물렀다. 그만큼 시리아 국민의 요구에 부응하는 정부의 역할을 기대하기 어렵다는 점을 보여줬다. 시리아 정부가 '아랍의 봄' 이후 영토 전체를 통치할 능력을 상실한 사실도 IS의 세력 확장을 도운 요소다. 시리아 정부는 반쪽 통치기구로 전락하면서 국민 안전과 국경선 통제, 사회적 서비스, 법 질서를 제공하기도 어려워졌다. 이에 다수 수니파 주민이 정권에 등을 돌리면서 시리아 중부와 북부에서는 정부의 기능도 마비되다시피 했다. 중앙정부 영향력이 약한 지역과 국경 일대에 큰 통치 공백이 생겼다. 그 공백을 IS를 포함한 이슬람 과격 무장단체들은 손쉽게 차지할 수 있었다.

국제사회의 압박에 아랑곳 않는 알아사드 정권의 폭정은 시리아의 정국 혼란을 더욱 키웠다. 나빌 필레이 유엔 인권 최고대표는 2013년 12월 아사드 대통령을 전쟁 범죄 책임자로 지목했다. 시리아 주변 아랍국과 서구에서도 아사드 정권의 시위대 학살과 인권침해를 비난했다. 아랍권 22개국으로 구성된 아랍연맹은 시리아를 회원국에서 강제 탈퇴시켰다. 알아사드 정부군은 화학무기를 사용해 반군은 물론 주민에게도 사용했다는 의혹을 받았다. 알아사드 정권의 강압 통치와 과도한 무력 사용은 시리아 정권 자체의 위기를 가져왔다.

시리아 정부는 현재 시리아 반군과 IS가 지배하는 주요 도시와 북부, 북동부 지역을 빼앗긴 상태다. 알아사드 정권을 배출한 시아파 분파 알라위트파가 밀집해 있는 수도인 다마스쿠스와 지중해 해안도시 라타키아를 중심으로 체제 유지에만 힘을 쏟는 형편이다. 시리아 정부의 영향력이 닿지 않는 동부와 북동부에서는 통제가 전혀 닿지 않는 공간이 확대되고 있다.

내부 혼란은 이라크와 시리아에만 국한된 문제가 아니다. 리비아와 이집트 시나이반도, 예멘 등 정부의 통제력이 약한 곳은 어김없이 IS 연계 세력의 활동 무대로 바뀌었다. 리비아는 2011년 무아마르 카다피 독재 정권이 붕괴하고 나서 두 개 정부, 두 개 의회로 나뉜 상태다. 이후 이슬람계와 비이슬람계 세력의 권력 다툼에 무정부와 같은 상태가 지속되고 있다. 이집트 시나이반도는 역사적으로 중앙정부와 지역 부족 간 갈등이 깊은 곳으로 지금도 유혈 사태가 끊이지 않고 있다. 그곳에서는 IS에 충성을 맹세한 이슬람 무장단체 안사르 베이트 알마크디스가 군경을 목표물로 삼아 잇달아 테러를 감행하고 있다. 예멘 역시 IS 연계 단체, 알카에다 지부, 시아파 반군 등이 서로에게 총부리를 겨누면서 복잡한 내전을 치르고 있다. 예멘 대통령은 사우디아라비아로 피신한 채 국제사회의 군사 개입을 촉구했다가 2015년 말 예멘으로 복귀했다.

IS를 포함한 이슬람 급진 무장단체들은 이러한 혼란을 반겼다. 혼란지역에서 네트워크를 구축해 글로벌 지하디즘 사상을 선파해 국내인은 물론 세계 각지의 대원을 모집할 수 있어서다. 무장단체끼리 이해관계에 따라 협력하기도 하고 경쟁도 한다. 급진 무장단체들이 활개를 치면서 정국은 더 혼란스러워졌고 국경선은 더 느슨해졌다. IS 등 과격 무장단체가 활동하기에 좋은 조건이 탄생한 것이다.

IS는 이라크와 시리아에서 중앙정부의 공권력이 약화된 틈을 놓치지 않았다. 이라크에서 핍박받는 수니파 무슬림을 규합해 세력을 급격히 키웠다. 지하디즘 사상을 이용해 시아파와 서구를 적으로 간주하고 지역 주민에게는 시아파 정권을 향해 무장 투쟁할 것을 선동했다. 그러면서 최소한의 치안을 보장하고 일상생활이 가능할 정도의 준정부 역할도 했다. 이라크와 시리아 주변의 비슷한 환경에 처한 아랍 국가들에 있는 급진 무장단체와도 연계해 간접적으로 세를 계속해서 넓히고 있다.

이슬람 수니-시아 종파
갈등의 시각

　　　　　수니파-시아파 종파 갈등은 서구세계가 중동의 갈등을 지적할 때 사용하는 단골 프레임이다. 중동지역 이슬람 국가들의 갈등을 설명할 때면 어김없이 종파 갈등의 역사를 꺼내든다. 이는 마치 어느 나라에나 있을 법한 '지역 갈등' 프레임으로 그 나라의 갈등을 설명하는 방식과 유사하다. 그러나 이런 시각만으로는 중동 내 복잡한 갈등을 충분히 설명하기는 쉽지 않다. 역사적으로 두 집단이 형제처럼 친하게 지냈던 공존의 시기도 존재했다. 따라서 종파 갈등 자체에 집중하기보다 정치적으로 이를 이용하려는 세력에 집중하는 것이 갈등의 실마리를 찾는 데 더 유용할 것이다. 물론 종파 갈등의 시각이 현재 IS 탄생을 설명하는 중요한 한 가지 시각임은 틀림없다.

　수니파와 시아파 두 종파는 쿠란을 경전으로 삼는 공통점이 있지만 구체적 교리와 종교 의식은 구별된다. '다름'에 대한 불인정과 확대 해석이 서로에 대한 불신을 키워 종파 간 갈등의 골을 더욱 깊게 했다. 이것이 종파주의(Sectarianism) 탄생의 기원이다.

　현대 종파 간 갈등의 표출을 1979년 이라크에서 찾는 시각이

중동 5개 국가 수니, 시아 분포도

	수니	시아	기타	총 인구 수
이라크	32%	63%	5%	3600만 명
시리아	73%	15%	12%	2300만 명
이란	11%	87%	2%	7800만 명
터키	80%	20%		7700만 명
이집트	87%	10%	3%	8만 8000만 명

* 주1) 수니 시아 기타 괄호안(총인구수)
  주2) 2008/2009년 예측 자료, 문화적 요인에 의한 분파 분류에 따름
* 참고자료) the Guardian Graphic Source

있다. 이 시기는 시아파가 정립된 곳이자 수적으로 우세한 이라크에서 수니파인 사담 후세인이 정권을 잡은 해다. 후세인 정권은 수적으로 열세인 소수 수니파 세력이 다수인 시아파 세력을 통제하려는 본색을 드러냈다. 이즈음 이웃나라 이란에서는 시아파인 호메이니가 혁명을 통해 정권을 장악했다. 호메이니는 이때 이슬람 혁명의 여세를 몰아 시아파의 이념을 전파하려고 했고, 이라크는 이를 견제하려고 했다.

이런 견제가 갈등으로 번져 결국 이듬해부터 8년간 이란-이라크 전쟁을 치렀다. 그 결과 100만 명이 넘는 사상자를 냈다. 이 역사적 사건이 시아-수니가 반목하게 된 현대사의 첫 번째 장면이다. 이때부터 중동의 독재자들에게는 종파의 갈등을 유발하는 것이 독재정권을 유지하는 효과적인 수단으로 여겨졌다.

양 종파 간 갈등을 살펴보면 그 뿌리는 약 1400년 전 일로 거

슬러 올라간다. 두 종파의 첫 갈등은 이슬람교 창시자이자 예언자인 무함마드가 632년 후계자를 지정하지 않은 채 갑자기 숨을 거두면서 불거졌다. 무함마드의 자리를 누가 계승할 것인지 정해지지 않았기 때문이다. 그러다 무함마드의 지인과 측근, 부족장으로 구성된 원로 협의체가 무함마드와 친한 인물 위주로 아부바크르, 우마르, 우스만, 알리 순으로 칼리프 네 명을 선출했다. 칼리프는 무하마드의 정통 후계자로 인정을 받았다. 이같이 협의 선출 방식을 지지하는 무슬림이 수니파다.

반면 시아파는 무함마드의 사촌이자 사위인 4대 칼리프 알리를 유일한 후계자로 인정하고 있다. 시아 알리Shia Ali, 즉 알리를 따르는 모임(분파)이 시아파의 시초다. 그러다 알리가 661년 암살되고 나서 최초의 이슬람 왕조인 우마이야 왕조가 들어섰다. 이후 680년 알리의 두 아들 하산과 후세인마저 잔인하게 살해되자 수니파에 대한 시아파의 복수심은 더욱 커졌다. 두 정파의 '피의 보복'은 이때부터 지금까지 이어지고 있다.

현재 이라크와 시리아에 있는 수니파 급진세력은 IS의 뼈대를 구성하는 주축이 됐다. 이러한 분석을 근거로 IS는 언론에 '수니파 과격단체'나 '수니파 무장조직'으로 흔히 소개된다. IS의 탄생을 종파주의 이론을 근거로 설명하는 것도 이러한 이유에서다. 이라크, 시리아 정권의 핵심 요직을 차지한 시아파와 그들의 차별에 불만을 품은 수니파 주민이 대립하는 과정에서 생겨난 조직이 IS다. 종파 갈등 프레임으로 보면 두 정권의 차별 정책이 IS에게 간접적으로 도움을 준 셈이다. IS로서는 종파 간 갈등을 부추겨 수니파의 결집을 유도하기가 더 수월할 수 있다. 또 시아파 정권을 적으로 규정하면서 수니파 주민의 관심을 이끄는 전략을 구사할 수도 있다.

그러나 IS의 탄생 배경을 종파주의(분리주의)만으로 해석하기는 무리가 있다. 종교의 한쪽 면만을 과대해석한 것으로 볼 수 있기 때문이다. 사실 종파주의를 보는 시각은 다양하고 복잡하다. 중동지역 부족의 특성도 살펴야 하고, 유럽의 식민지시대의 잔재가 남아 있는지도 살펴봐야 한다. 종파 갈등이 이슬람국가 탄생의 단초를 제공하는 직접적인 원인이라고 단정짓기는 어렵다. 종파와 관련된 이론적 논쟁은 닭이 먼저인가 달걀이 먼저인가의 소모적 말다툼으로 발전하는 경향도 있다. 이렇게 되면 종파 간 발전적 논쟁이 아닌 논쟁 자체의 도가니에 갇혀 더 이상 나아가지 못하는 악순환에 빠진다.

중동의 혼란 상태는 종파 갈등 자체의 문제보다 이슬람 정치세력이나 급진주의자들이 종파주의를 이용해 갈등을 증폭시켰다는 논리가 더 설득력이 있다. 수니파와 시아파를 서로 다른 집단이나 무리로 구분하고 분리하는 것 자체가 정치적 행위이기 때문이다. 수니와 시아의 구분은 차별을 낳는다. 그 차별이 종교적 신념과 결부되면 그것은 종교만의 문제가 아니라 권력, 자원, 영토와도 얽히게 된다.

종교의 역할과 기능은 갈수록 세분화되는 추세다. 이런 추세속에 종파의 순수한 구분은 누군가를 탄압하거나 지속적인 갈등을 촉발하기 위한 목적으로 생겨난 것도 아닐 터이다. 어느 종교라도 핵심 교리와 신성한 종교 지도자의 발언에 관한 해석이 다를 수 있다. 문제는 이를 정치적 수단으로 삼아 갈등을 조장하는 것이다. IS도 그런 세력 중 하나다. 종파의 분리를 '갈등'과 '차별'로 과도 해석하고 포장했다. 이런 관점에서 IS를 종파 분쟁을 이용한 '극단주의 과격파'라고 해석하는 게 타당할 수 있다. IS는 다른 종파인 시아파를 배격함으로써 수니파의 결집을 도모하려는 정치적인 의도를 갖고 있다. IS는 시아파를 '불신자', '변절자' 등으로 규정하는 것도 이런 배경 때문이다.

일반 무슬림의 삶에서 종파를 구별하는 모습은 거의 보여지지 않는다. 종파 간 비율은 국가별로 모두 다르지만 중동 대부분 국가에서는 수니파와 시아파가 공존한다. 수니파와 시아파 무슬림이 같은 모스크에서 예배를 올리기도 한다. 중동에서 가장 세속적인 국가 가운데 하나로 꼽히는 레바논만 해도 그렇다. 레바논은 워낙 다양한 종교와 종파로 구성돼 있어 '모자이크 국가'라는 별칭이 따라다니지만 그 나름대로 균형을 맞춰가며 민주국가 체제를 갖췄다. 수니파와 시아파, 시아파의 한 갈래인 알라위트파, 드루즈파, 기독교 등 다양한 공동체가 함께 공존해왔다.

수니파 종주국인 사우디아라비아에서도 시아파가 존재한다. 수니파 대국 이집트 역시 수니파와 시아파, 기독교공동체가 한 국가를 이룬다. 시아파 또는 수니파가 소수 종파라고 해도 평화로운 공존을 지속한 때가 있었다. 이때는 과격한 행동으로 피해를 보는 등의 사회문제가 거의 불거지지도 않았다. 여러 종파가 있다는 이유로 또는 종파 간 갈등이 있다는 자체만으로 극단주의 무장단체를 탄생하게 했다는 논리는 종교의 한쪽 면을 과대 포장한 것과 다를 바 없다.

아랍세계에서 상대방의 종파를 따져 '나'와 '너'를 구분하려는 시도는 다소 무례한 것으로 비쳐진다. 때에 따라서는 상대방의 종교와 종파를 묻는 것 자체가 금기시되는 분위기도 있다. 종파 문제가 이슬람교 국가에서만 발생하는 것도 아니다. 다른 종교나 집단 어디에서도 존재한다. 한 사회에서 여러 종파가 생겨나고 서로의 성격을 구분하는 일은 다른 종교에서도 흔히 볼 수 있다. 종파 간 통합이 궁극적으로 화해와 공존을 이끈다면 이는 사상의 깊이와 풍부함을 더하는 이상적 모델일 수도 있다. 종파 간 대립과 구분은 있을 수 있으나 그것이 꼭 유혈충돌로 이어져 서로를 반드시 증오한다는 공식이 항상 맞는 것은 아니다.

부족 또는 지역 갈등도 종파 갈등과 같은 맥락으로 해석할 수 있다. 다만 경계해야 할 점은 이런 종파주의, 분리주의가 정치 분열과 사회 균열의 씨앗이 될 소지를 낳을 수 있다는 점이다. 최악의 경우 국제분쟁으로까지 번지기도 한다. 종파 갈등은 꼭 분리나 차이 때문에 발생한다기보다는 극단주의 세력이 종교를 정치적으로 이용한다고 보는 게 맞을 것이다.

이라크에서 처음
출몰한 배경

세계 인류 문명의 한 축인 메소포타미아 발상지인 이

라크는 한때 수니파와 시아파, 기독교도, 쿠르드계 등 다양한 종파가 공존한 때가 있었다. 그러나 사담 후세인 독재정권 때부터 지금까지 정치적 변화의 소용돌이 속에 갇혀 지내고 있다. 미국 등 서구의 개입으로 의도치 않게 영토가 나뉘고 전쟁을 치러야 한 가슴 아픈 역사도 간직하고 있다.

이처럼 역사적 뿌리가 깊은 이라크에서 IS가 태어났다. IS는 스스로 칼리프 국가를 선포하고 이라크의 북부 도시를 잇달아 점령했다. 2014년 6월 IS는 이라크 제2의 도시 모술 점령을 공식 선언했다. IS가 본격적으로 세계에 이름을 알리는 순간이다. IS의 대변인 알아드나니는 병력, 무기, 제반사항, 경제력 등 모든 것이 이라크군에 열세였지만 신의 관대함에 전투에서 승리할 수 있었다고 발표했다. 그러나 현실적으론 대변인 주장처럼 신의 섭리와 관대함만으로 IS가 이라크 주요 도시를 점령했다고 설명할 수는 없다.

IS가 이라크에서 처음 나타난 이유를 파악하려면 이라크의 역사적 맥락을 살펴봐야 한다. 또 과거와 현재의 이라크 상황을 비교해보고 무엇이 문제였는지 분석할 필요가 있다. IS 출몰 당시 이라크 내부는 다양한 문제를 가지고 있었다. 크게 세 가지로 요약하면 정권의 무능과 종파 간 또는 종교 간 갈등 유발, 군대, 경찰 조직의 부패와 허약함으로 정리할 수 있다. 알말리키 정권 당시 1인당 GDP가 크게 올라가고 인플레이션이 둔화됐다는 수치도 있다. 그러나 이는 이라크 일부 소수 권력자와 군부에 국가 재정이 집중된 결과일 뿐 실질적인 경제발전으로 보기는 어렵다.

이라크 내부 문제의 중심에는 2011년 미군 철수 전후로 이라크를 이끌던 두 지도자가 있다. 사담 후세인 전 대통령과 알말리키 전 총리가 그들이다. IS가 태동하기 이전에는 공포 정치로 악명을 떨친 후세인 전 대통령이 이라크 권력의 정점에 섰다. 수니파인 후세인 정권은 시아파를 권력의 핵심에서 배제했다. 시아파 주민도 정부로부터 조직적인 차별을 당했다. 그러다 2003년 미국이 이라크를 침공하자 후세인 정권은 순식간에 몰락했다. 미국은 바그다드를 함락하고 나서는 시아파가 주축이 된 새로운 정부를 지지했다. 미국의 이라크 침공에 대한 비난 여론이 고조되고 미군 피해가 늘면서 결국 버락 오바마 미국 대통령은 미군 철수를 결정했다.

알말리키 총리는 이라크에 과도정부가 들어설 때 최고 실세로 떠올랐다. 알말리키는 후세인 정권 시절 박해를 피해 시리아 등 타지를 전전하다가 미국의 지원을 등에 업고 시아파 정부를 세웠다. 이라크는 알말리키가 집권한 2006년~2014년 수니계, 시아계, 쿠르드계 등의 계파 갈등이 심화됐다. 쿠르드 자치정부는 이참에 이라크 북부 지역에서 독립할 기회를 노리게 됐다.

알말리키의 종파 차별 정책은 후세인 정권의 방향과는 정반대였다. 수니파는 배제됐고 시아파가 정권의 핵심 요직을 도맡았다. 수니파 주민의 불만은 갈수록 커져갔다. 알말리키 집권 1기인 2006~2007년 수니파와 시아파 간 종파 분쟁이 극에 달해 내전 상황에 이르렀다. 수니파 무장세력의 잇따른 도발로 치안도 크게 악화됐다.

이라크 두 지도자 비교

	2003년 사담 후세인 (수니파)	2011년 누리 알 말리키 (시아파)
1인당 GDP	$ 518	$ 3301
소비자가격 인플레이션	연간 34%	연간 5%
군병력수	9만 9600명	67만 명
누적 난민수 (2003년 4월 기준)	40만 명	270만 명 (2010년 3월까지)
언론자유	124 위 (166개 국가 중)	152 위 (178개 국가 중)
부패지수	113 위 (133개 국가 중)	175 위 (183개 국가 중)

* 참고자료) The Brookings Institution, 〈Iraq Index, 2012〉

　알말리키는 집권 2기 때 겉으로 보기에 시아파와 수니파, 쿠르
드계를 아우르는 분권 내각을 구성한 듯 했으나 실제로는 시아파
의 권력 독점을 강화했다. 집권 2기 내내 주요 부처인 국방부와
내무부의 장관직을 공석으로 두고, 측근을 차관에 앉히는 꼼수를
부리기도 했다.

　이라크 정권의 부패는 이슬람 과격 단체가 출현하는 데도 기여
했다. 사실 알말리키 전 총리는 측근들에게 이권 등을 주고, 배신

했을 때 이를 협박의 도구로 사용하는 등 이율배반적 정치 행위로 비판을 자초했다. 이라크 정부 내 '금권정치' '부패정치'가 난무했다는 증언도 쏟아졌다. 공무원이 되려면 뇌물 상납 없이는 불가능했다. 어느 정도 안정된 직책을 얻고 나면 그동안 들인 금전적 손실을 만회하기 위한 또 다른 부패의 싹이 자라나는 악순환이 되풀이됐다. 중동 정치전문가이자 이집트 언론인 아흐메드 샤즐리는 "정부의 부패가 모든 문제의 근원이 됐다"며 "이라크의 상황도 예외는 아니다"라고 분석했다.

이라크에서 종파 갈등은 다른 아랍권 국가보다 훨씬 더 심각했다. 이러한 갈등은 이라크 안보와 치안의 중추인 정부군에도 큰 영향을 미쳤다. 쿠르드인 저널리스트 아유브 누리는 이라크군과 국민 사이에 신뢰가 없다고 진단했다. 알말리키 정권의 국민통합정책 실패도 문제 삼았다. 이라크 제2도시 모술이 이렇다 할 전투마저 없이 IS에 넘어간 것도 이러한 배경과 무관치 않다.

알말리키 정권이 수니파 지역에 대해 가진 불신은 이라크 하위자 지역에서 벌어진 시위대 강경 대응으로 극에 달했다. 2013년 4월 이라크 정부군이 평화시위를 하던 수니파 시위대를 무력 진압하면서 50명이 죽고 110여 명이 부상했다. 정부군은 전투기까지 동원해 바그다드 서쪽에 있는 수니파 거주지 팔루자, 라마디 지역도 공격했다. 이 공습으로 자국민이 또다시 죽거나 다쳤다. 종족과 종파의 분열을 막아야 하는 시점에 자국민을 무력으로 진압하여 국민통합을 어렵게 만든 결정적 계기가 됐다. '하위자 사건'을 계기로 일부 수니파 무장 세력은 시아파를 겨냥해 민간인

구분 없이 보복 공격에 나섰다.

이라크 내부의 부패의 늪은 군 조직의 약화로 이어졌다. 이라크는 연간 400억 달러 이상을 국방비에 들였으나 실전에서는 오합지졸의 모습을 보였다. 비정규 군사조직인 IS에 이렇다 할 반격조차 하지 못한 채 모술을 내준 이유를 군의 부패에서 찾는 퇴역 장교들도 있다. 이라크군이 맥없이 IS에게 모술을 내주면서 알말리키 총리의 무능과 부패가 도마 위에 올랐다. 당시 모술을 공격한 IS 대원수는 약 1500명으로, 모술을 지키던 이라크군 병력 대략 2만 명의 10분의 1도 안됐다. 더욱이 이라크군은 미군의 최신 무기와 장비로 무장한 상태였다. IS는 공격 이틀 만에 모술 점령을 선언했고, 알말리키 정부는 이후에도 우왕좌왕하고 이렇다 할 대응책을 내놓지 못했다. 알말리키는 결국 나라 안팎의 거센 퇴진 압력 속에 그해 8월 총리직을 내려놓았다. 3선 연임의 욕심도 모술 참패와 함께 물거품이 됐다.

알말리키 총리의 철권통치는 수니파 거주지에서 일찌감치 반발을 불러왔다. 2008년 알말리키 정권 시절 국제테러단체인 알카에다 연계조직이 모술과 사마라를 잇는 마을들을 점령한 적이 있었다. 그때는 중동에서 알카에다의 영향력이 IS보다 컸을 때였다. 그 지역의 실업률은 계속해서 치솟았고 지방 정부의 부패도 만연했다. 공공서비스 정책은 사실상 무용지물인 상태였다. 마을 사람들은 정부에 대한 의존을 접었다. 알카에다 연계 무장단체가 마을에 입성하자 주민들은 정부 탄압을 받지 않고 일상생활을 할 수 있다는 것만으로도 만족할 정도였다.

국가 운영 시스템과 정책결정 과정에 문제가 생기면 그 피해 지역 주민의 선택은 뻔하다. 생계유지를 보장해 주고 억압과 탄압을 덜 가하는 쪽으로 기울게 된다. 물론 그 반대도 가정할 수 있다. 정부가 지역 주민을 평등하게 대하고 존중했다면 그리고 주민 안정과 치안을 위한 서비스를 제공했다면 주민들은 자연스럽게 과격단체에 등을 돌렸을 것이다. 그 상황에 만족해 굳이 과격단체에 의존할 필요가 없기 때문이다.

지도부의 주축
사담 후세인 잔당

알말리키 정권에 철저히 배척된 사담 후세인의 추종자들은 나중에 IS의 든든한 비팀목이 된다. IS에 가담해 주축으로 자리 잡았다. 이들은 이란-이라크 전쟁 등 풍부한 전투 경험을 바탕으로 이라크 내 IS 작전을 진두지휘했다.

현재 IS의 지휘부는 알말리키 주도의 이라크 정부에 강력한 반기를 들고 있는 인사들로 구성돼 있다. IS의 잔학성과 이라크 도시를 쉽게 함락시킬 수 있는 이유도 그 구성원 중에 사담 후세인 때의 군과 정보기관의 핵심 인물들이 포진해 있기 때문에 가능했다. 그들의 무자비함은 후세인 집권 당시 시아파를 탄압했을 때도 유명했다.

IS가 모술 점령 직후 바그다드로부터 서북쪽으로 140킬로미터 떨어진 티크리트로 진격할 수 있었던 데는 후세인 추종자의 역할

후세인 잔당의 IS합류

과거 이라크군 직책	현재 IS에서 역할
아부 우마르 알바그다디 (전 이라크 장교)	2대 IS 최고 지도자 (2010년 사망)
아부 무슬림 알투르크마니 (전 이라크 군 정보부 대령)	이라크 최고 지휘권자 (2014년 사망)
아부 알리 일안바리 (전 이라크 육군 소장)	시리아 최고 지휘권자
아부 아이만 알이라키 (전 이라크 공군 정보부 대령)	군위원회 핵심 멤버
아부 아하마드 알알와니 (전 사담 후세인 군 소속)	군위원회 멤버
압달라 아하마드 알미쉬하다니 (전 이라크 장교)	외국인 대원과 대테러 담당
하지 바크르 (전 이라크 육군 대령)	바그다디 최측근 고문 (2014년 사망)

이 컸다. 살라딘 주의 주도인 티크리트는 티그리스 강 유역에 있는 유서 깊은 도시다. 이곳은 십자군 전쟁 때 이슬람 진영의 수장인 살라딘의 고향이자 1979~2003년 이라크를 통치한 후세인의 고향이다. IS는 당시 큰 전투 없이 티크리트를 장악했다. 오랫동안 시아파 정권에 불만을 가진 수니파 주민의 지지 없이는 불가능한 일이었다. 후세인 정권 때 군부에 몸담은 베테랑 군인들도 이 작전에 참가했다.

후세인 잔당 세력이 뒤늦게 IS에 합류한 것은 크게 두 가지로 분석할 수 있다. 첫째는 후세인 사후 10년간 시아파 정권의 탄압에서 벗어나려는 시도에서 비롯됐다. 후세인 측근과 추종자들은

2003년 제정된 '탈 바트당 정책(De Bathification Policy)'으로 갑작스럽게 제거될 수 있다는 두려움 속에서 지냈다. 이 정책은 알말리키 정권이 2003년 이전까지 이라크의 여당이자 사담 후세인의 정당이기도 했던 바트당(아랍사회주의부흥당)을 와해시키기 위해 만든 정책이다. 후세인 정권의 주축인 수니파 바트당에 소속된 정부 관리와 군 관리를 청산하는 것이 골자다.

후세인 잔당이 자신들의 안위를 걱정해야 할 때쯤 IS의 전 조직인 ISIS가 결성됐다. 탈 바트화 법은 그 잔인성과 부작용으로 1년 만에 공식 폐지됐지만 알말리키 정권은 집권 후에도 이 법을 적용했다. 알말리키는 후세인 잔당 세력 청산 작업을 계속하면서 잠재적인 적대 세력을 사전에 제압하려고 했다. 이 정책으로 이라크 정부에 합류할 수 없었던 후세인 세력은 그 결과 반정부 세력에 가담할 수밖에 없는 처지에 몰렸다. 당연히 그 중 가장 유력한 대안이 IS였다. IS에 합류하지 않던 다른 후세인 추종자들은 요르단과 사우디아라비아, 아랍에미리트(UAE) 등 주변 수니파 국가로 도피해 나중에 IS의 자금줄 역할을 했다는 의혹이 제기됐다.

IS를 후세인 추종자들이 지지하는 또 다른 이유는 바트당에 대한 추억 때문이다. 바트당은 후세인 정권 시절 집권당으로 서구식민 지배에 대항하기 위한 아랍민족주의운동으로 시작됐다. 바트당의 기조는 IS의 그것과 비슷한 면이 있다. 바트당은 범아랍권의 통일과 아랍사회주의를 주창했다. 관점이 종교냐 아니면 사상이냐가 다를 뿐 IS의 기본 이념 역시 아랍권 전체를 통합해 초

월적 국가 수립이라는 바트당의 목표와 일치한다. 이면의 논리가 바트당 시절에는 아랍민족주의였고, IS는 이슬람 극단주의 사상이다. 그러나 양쪽 다 아랍권 전체를 아우르려는 범아랍주의 특징을 보였다.

시리아 내전으로
더 성장한 IS

이라크와 시리아는 제2차 세계대전 이후 유럽 국가들의 신탁 통치 산물이라는 공통점이 있다. 600킬로미터를 국경으로 맞댄 이라크와 시리아는 중동의 전략적 요충지로서 역사적으로 활발하게 교류해온 이웃국가 사이다. 그러나 5년째 내전이 이어진 시리아의 정치적 혼란은 이라크의 상황과는 사뭇 다르다. 이라크는 후세인의 바트당 일당 독재체제와 이후 미국의 지원을 받은 시아파 정권의 부패, 종파 갈등이 고착화됐다. 이 갈등 끝에 이라크에서 IS가 처음 생겨나게 됐다.

그러나 시리아는 이라크처럼 외세의 직접적 개입을 받지는 않았다. 시아파의 소수 종파인 알라위트파가 다수인 수니파 주민을 탄압하면서 국론 분열을 야기했다. 이 분열은 알아사드 대통령이 이끄는 중앙정부의 통제력 약화로 이어졌고, IS는 손쉽게 시리아 북부에서 영역을 확대할 수 있었다. 알아사드 정권의 권력 독점화와 분쟁 해결 능력의 부재로 인해 내전이 장기화되자 시리아 중북부는 IS의 소굴로 바뀌었다. 이라크와 시리아 둘 다 국가의

시리아 내전으로 보는 숫자

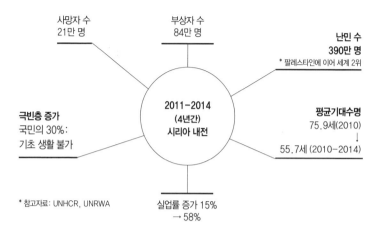

사망자 수
21만 명

부상자 수
84만 명

난민 수
390만 명
* 팔레스타인에 이어 세계 2위

극빈층 증가
국민의 30%:
기초 생활 불가

2011-2014
(4년간)
시리아 내전

평균기대수명
75.9세(2010)
↓
55.7세 (2010-2014)

* 참고자료: UNHCR, UNRWA

실업률 증가 15%
→ 58%

분열로 IS의 활동 무대를 제공했지만 그 배경은 다른 셈이다.

　시리아 내전의 시작은 2011년 3월로 거슬러 올라간다. 시리아 수도 다마스쿠스에서 남쪽으로 약 90킬로미터 떨어진 다라 지방에서 작은 소동이 벌어졌다. '아랍의 봄' 영향을 받은 학생들이 담벼락에 "우리는 정권 전복을 원한다"는 낙서를 한 게 발단이 됐다. 시리아 경찰은 낙서를 한 학생 15명을 체포해 구속했고, 이에 반발한 주민들이 들고 일어서면서 시리아의 비극은 시작됐다. 시리아 곳곳에서 아사드 정부를 규탄하는 시위가 벌어졌고, 강경 진압이 반복되면서 사태는 악화일로를 걸었다. 시리아 정권의 부패를 비판하는 시위가 연일 벌어졌다. 전국의 시위대는 '알라(신), 시리아, 자유, 부패척결'을 외치고 탄압의 도구가 된 비상사태법을 해제하라고 요구했다. '아랍의 봄'의 여파로 튀니지와 이집트에서 대통령이 축출된 것을 목격한 아사드 정권은 심각한 위협을 느꼈다. 시리아 정부군은 시위대에 발포하며 무력 진압을 이어갔다. 이후 4년 넘게 이어진 내전으로 지금까지 시리아인 23만 명 (2015년 1월 UN추정)가량이 사망했고, 400만 명은 난민 신세가 돼 주변국이나 유럽으로 탈출했다.

　시리아 내전은 아사드 정권의 강압 통치로 잠재돼 있던 종파 갈등을 수면 위로 떠오르게 한 계기가 됐다. 내전이 길어지자 같은 정부군 내에서도 종파 갈등이 불거졌다. 수니파인 시리아 총리는 요르단 망명길에 올랐고, 다른 수니파의 군 장성들도 잇달아 반정부군에 합류하는 현상까지 생겼다.

　IS가 시리아에서 비교적 쉽게 세를 키울 수 있었던 것도 곪아 있던 내무 문제가 터지면서 생긴 측면이 크다. 불길한 징조는 시리아 정부와 국민 사이 간극이 생기면서 서서히 나타났다. 1963년부터 지속된 시리아 바트당의 장기 집권과 40년간 지속된 아사드 가문의 권력 독점에 수니파 주민의 반발은 갈수록 커졌다. 아사드 가문은 알라위트파 출신으로 다수인 수니파를 다스리기 위해 강압적인 정책을 펼쳤다. 이런 상황은 수니파 반정부 무장단체가 탄생할 토대를 마련해줬다.

　IS가 2014년 국가를 선포하기 전에도 시리아에는 과격 무장세력이 존재했다. 2011년 이전에는 알아사드 정권의 무난한 통치로 과격단체들이 설 자리는 매우 좁았다. 그러나 알아사드 정권이 수니파 시위대를 탄압하고 수니파 반군을 상대로 '테러와의 전쟁'을 치르면서 수니파 사이에서 정권의 정통성과 지지도는 크게 낮아졌다. 이러는 사이 IS는 이라크에서 시리아로 영토를 확장했다.

IS 세력이 시리아로 진입해오자 일부 주민은 거부감을 보였겠지만 시아파 정권의 탄압을 받아 온 수니파 주민으로서는 같은 수니파인 IS를 적극적으로 반대하지는 않은 것으로 보인다. 이집트 언론인 샤즐리는 "낙서를 한 학생들을 구속하고 평화시위대를 유혈 진압한 정부를 타도하려는 강한 세력이 나타난다면 지역 주민은 그 세력을 따르고 지지할 것"이라고 말했다. 샤즐리의 분석은 2011년 아랍지역에 퍼진 '아랍의 봄'의 여파가 시리아 내전과 IS의 세력 확장에도 간접적으로 영향을 미쳤음을 의미한다.

알아사드 정권의 수니파 탄압만이 IS의 세력 확장을 도운 것은 아니다. 알아사드 대통령은 2000년대 집권 초반에는 개혁과 개방 정책을 시행했다. 정치에는 큰 뜻이 없던 안과의사 출신의 알아사드는 아버지 하페즈 알아사드 정권 때 수감된 정치범들을 석방하고 언론의 자유도 약속했다. 그러나 2011년 이후 일련의 개혁정책이 정권 유지에 불리할 수 있다고 판단한 정권 내 알라위트 강경파들은 알아사드의 행보에 제동을 걸었다.

개혁 정책이 좌초된 것에 배신감을 느낀 수니파 국민은 조금씩 민주화에 대한 열망을 품기 시작했다. 그러다 2011년 '아랍의 봄'에 편승해 자신들의 목소리를 더욱 키웠다. 시위대는 이러한 사회적 열망을 표출하는 운동을 전개했다. 그러나 이들은 곧바로 시리아 정부군의 무력 진압에 피를 흘렸다. 중화기와 전투기, 함포까지 동원한 정부군의 무차별 공격에 대량 학살까지 발생했다. 이에 알아사드 정권 타도를 최종 목표로 삼은 수니파 반군 조직들이 우후죽순으로 생겨났다.

런던정경대의 저명한 국제관계학 교수 파와즈 게르게스도 시리아의 내전이 IS 태동과 밀접한 연관이 있다는 점에 주목했다. 2015년 봄 카이로를 방문해 IS를 주제로 특별강연을 한 게르게스 교수는 장기 집권과 부패로 곪을대로 곪은 정부가 개혁을 실행하지 않으면 나중에 위기에 직면할 가능성도 크다고 진단했다. 게르게스 교수는 "이슬람 과격 세력의 문제는 내부, 국제 문제 등이 복잡하게 얽혀서 생기지만 반대로 각 정부가 국민의 편에 서서 개혁을 주도하면 과격 세력은 더는 존재하기 어렵다"고 말했다.

게르게스의 진단은 비교적 정확해 보인다. 사실 시리아 내전은 '아랍의 봄' 훨씬 이전부터 집권층에 지속적으로 쌓인 부패와 자유 억압이 초래한 문제였다. 과거에 해결하지 못한 문제에 국민이 저항하고 반정부 시위를 벌인 것은 어쩌면 시리아가 거쳐야할 불가피한 운명적 수순으로 볼 수 있다.

IS 탄생, 중동을 둘러싼 국제사회

IS 탄생과 진화 과정은 중동을 둘러싼 국제관계와도 맞물려 있다. 중동 관련 국제관계의 중심에는 세계 최강대국인 미국이 있다. 물론 중동국가들의 이해관계도 복잡하게 얽혀 있지만 미국의 직간접적인 중동 개입은 역사적으로 이 일대에 막대한 영향력을 끼쳐 왔다.

중동국가들은 친미와 반미로 또는 이슬람 수니파와 시아파로 나뉘어 또 다른 패권 경쟁을 벌였다. 수니파를 대표하는 사우디아라비아와 시아파 대표 국가인 이란이 그 경쟁의 최전선에 있다. 두 국가는 IS가 활동하는 이라크와 시리아에도 영향력을 행사하며 경쟁해왔다. 여기에 중동에서 입지를 키워나가려는 터키와 풍부한 자금력으로 그 경쟁을 가열시킨 카타르, 중동의 최대

인구 국가 이집트 등도 IS 사태에 직간접적으로 관여하고 있다.

미국 주도의 서구와 이란이 2015년 7월 핵 협상에 합의하면서 IS를 둘러싼 중동 지역의 질서가 재편되는 분위기도 형성됐다. 미국은 부시 행정부 시절 '악의 축' 가운데 하나로 꼽은 이란과 핵 협상을 타결 지으면서 이란 정부와의 관계가 해빙기로 접어드는 게 아니냐는 관측도 있다.

이란은 시아파 정권인 시리아와 이라크에 막대한 영향을 미칠 수 있는 국가다. 따라서 앞으로 이란의 향후 행보도 국제사회의 IS 대응에 적지 않은 영향을 미칠 것으로 전망된다. 다만 미국의 우방인 사우디가 적대국가인 이란을 어떻게든 견제할 것으로 예상되면서 IS 해법 찾기가 쉽지만은 않을 것으로 보인다. 북대서양조약기구(NATO) 회원국인 터키와 군사 대국으로 평가받는 이집트 역시 중동의 주도권 경쟁 차원에서 IS 사태에 개입할 여지는 충분하다.

IS 탄생의 단초,
미군의 침공과 철수

IS는 미국 등 세계 강대국까지 개입한 중동의 복잡한 역학 구도 속에서 탄생했다. 2003년 미국의 이라크 침공과 2007년 이라크에 미군 추가 파병 그리고 2011년 미군 철수는 이라크의 권력 구조를 순식간에 바꿔버렸다. 미군의 군사적 개입과 전격적인 철수는 이라크 정권의 불안정을 가져왔다. 미국이 지지한

미국 중동 정책의 명분과 결과

	2003(이라크 침공)	2007(미군 증파)	2011(미군 철수)
명분	• 대량살상무기(WMD) 보유 의혹 • 이라크 알카에다 연계 가능성	• 이라크내 민주주의 정착 • 이라크와 미국의 안보 확보	• 중동의 최소 개입 정책
	⬇	⬇	⬇
결과	• 후세인 정권 붕괴, 종파 갈등 심화 • 알카에다 연계 조직 확장	• 국제사회의 반발 증가 • 이슬람주의자의 내재적 분노	• 민족 간, 종파 간 대립의 표면화 • 이슬람주의자의 연합 확대

알말리키 시아파 인사가 최고 실세인 총리직에 오르면서 수니파의 불만도 서서히 쌓이기 시작했다.

오바마 정권의 미군 철수로 이라크는 정부의 혼란기를 또다시 맞았다. 후세인 독재자를 축출하면서 생긴 권력 공백을 새로운 대안 세력이 메우기도 전 미군이 이라크를 떠나버린 것이다. 미군이 철수하자마자 시아파 정권에 대한 수니파의 무력 도발이 시작됐다. 이후 수니파와 시아파 간 끊이지 않는 보복과 폭탄 테러 공격이 난무했다. 수니파는 시아파 정권이 미국의 꼭두각시 노릇을 해왔다며 불만을 표출했다. 알말리키 정권의 종파 차별에 수니파의 억눌렸던 분노가 더해지면서 극단주의 수니파 무장단체까지 등장했다. 그 단체가 결국에 IS란 이름으로 태어났다.

부시 정권은 국제사회의 여론이 악화되었는데도 중동 개입 정책을 중단하지 않았다. 미국이 중동 주요 현안에 직접적으로 개입한 표면적 이유는 이 일대의 안정과 원유 가격의 급변을 막아 국제 경제에 미칠 악영향을 사전에 차단하겠다는 것이다. 또 중동발 테러리즘을 미리 막아 미국을 포함한 전 세계의 안전을 책임지는 데 앞장서는 듯한 모습도 보였다.

그러나 그 이면에는 중동에서 패권을 계속 유지하려는 의도와 자국 경제를 위한 에너지, 즉 원유의 안정적 확보에 큰 목적을 두고 있다. 미국을 중심으로 한 국제사회가 중동의 걸프 지역에 큰 관심을 보이는 이유는 이 일대에 산유국이 몰려 있기 때문이다. 실제 1980년대 걸프국 중심으로 생산되는 석유는 세계 에너지 공급의 80퍼센트를 차지했다. 이는 걸프 산유국의 세계 원유 확인 매장량 중에 65퍼센트에 달하는 수치다. 천연가스 매장량은 30퍼센트, 세계 원유 생산의 약 28퍼센트, 세계 원유 판매의 약 42퍼센트를 걸프국이 도맡았다. 국제사회는 당연히 산유국이 밀집한 걸프국과 아라비아 반도에 큰 관심을 쏟을 수밖에 없었다.

미국은 1990~1991년 걸프전에서 승리하면서 중동 내 확실한 주도권을 쥐는 데 성공했다. 아버지 부시 집권 시절 걸프전을 치렀던 미국은 아들 부시 집권 때에는 이라크를 침공해 후세인 정권까지 무너뜨렸다.

걸프전은 미국에게 여러모로 유리한 전쟁이었다. 당장 국제 석유시장에서 미국의 영향력이 대폭 강화됐다. 미국은 세계의 석유 시장을 좌지우지할 수 있었고, 중동산 원유에 대한 통제력을 더욱 확고히 했다. 세계 최대 산유국인 사우디는 친미 정권으로 바뀌었다. 석유 이권을 위한 경쟁에서 미국을 압도할 수 있는 국가가 나오기 어려운 상황에 다다랐다.

2003년 미국의 이라크 침공은 이라크는 물론 중동 전역에 엄청난 충격파를 안겼다. 미국의 이라크 침공 명분인 대량살상무기(WMD)는 의혹만 제기됐을 뿐 실체는 발견되지 않았다. 후세인 정권을 축출해 민주주의 국가를 수립하려던 미국의 계획은 WMD의 부재로 역풍을 받기도 했다. 이라크는 물론 중동의 무슬림은 분개했다. 석유 패권과 미국 주도의 중동 질서를 위해 이라크를 침공하고, 이라크 국민에게 희생을 치르게 했다고 본 것이다.

이라크 침공은 후세인 독재정권를 붕괴시켰지만 부정적인 결과도 야기했다. 우선 미국의 지지를 받은 시아파 정권과 수니파 지역의 갈등은 더욱 깊어졌다. 수니파 밀집지인 이라크 서북부에서는 알카에다와 연계된 조직도 생겨났다. 이 연계 조직은 나중에 IS의 선신이 된다. 시아파 정부 인사와 군인, 평범한 신도를 대상으로 한 무차별 폭탄 테러 사건도 급증했다. 시아파의 보복은 수니파 저항세력의 더 큰 집결을 이끌었다. 수니파 무장 세력이 미국과 시아파 정권을 같은 적으로 규정하고 무차별 공격을 가하면서 이라크는 내전 양상에 돌입했다.

미국은 종파 갈등이 극심한 2007년 1월 미군 병력을 증파하기로 결정했다. 미국 내 반대 여론에도 미군 2만 1500여 명이 이라크에 파병됐다. 미국은 이라크에 민주주의를 정착시켜 이라크와 미국의 안보를 지키겠다는 논리를 폈다. 미군의 증파는 아랍세계의 분쟁을 사전에 막는 효과를 내심 기대하기도 했다. 이런 낙관적 예측을 토대로 미국은 자국군의 철수가 아닌 증파 결정을 내린 것이다.

부시 전 대통령의 적극적 중동 개입정책은 미군 증파를 결정한 한 요인이다. 부시 정권은 선과 악의 이분법적 사고를 적용해 증파를 결정했다. 부시의 유명한 말 가운데 '악의 축'은 그러한 사고를 분명하게 드러냈다. 부시가 북한과 이란, 이라크 등 3개국을 지칭하려고 만들어낸 말이다. 이는 세계 국가가 선한 국가와 악한 국가, 이렇게 둘로 나뉜다는 사고에 기반을 두었다. 부시 스스로 종교에 대한 강한 신념, 문명의 이분법적 사고가 있었음을 증명한 것이다.

그러나 이라크의 미군 증파는 곧바로 중동은 물론 국제사회의 반발과 의심을 샀다. 미국이 이라크의 민주주의 확산이 아닌 실제 의도를 숨기고 파병을 늘렸다는 것이다. 미국이 이라크 등 걸프국의 안정적 원유 확보를 주요 목표로 중동지역의 친미 국가 구축, 이스라엘 안보 챙기기, 미국 경기 회복을 위한 돌파구, 중동 정치 구조를 재편하기 위해 중동에 개입했다는 의혹은 갈수록 커졌다. 미군 증파로 알카에다 이라크 지부가 한때 주춤했지만 미군 증파 결정에 이라크 주변국은 미국이 다른 속셈을 품고 있다고 의심했다. 급진 성향의 이슬람주의자는 미군의 증파에 또다시 분노했다.

미국은 부시에서 오바마로 정권이 바뀌면서 2011년 이라크 내 미군을 전면 철수했다. 미군 철수 후 이라크는 진정한 독립 민주주의 국가로 거듭날 것이란 희망도 품었다. 그러나 그 기대는 현실과 크게 어긋났다. 미군의 억제력이 사라진 후 잠재된 민족 간 종파 간 대립이 표면화된 것이다. 미국의 지지를 받은 알말리키 정권은 정부 역할도 제대로 하지 못했다고 비판받았다.

오히려 알말리키 정권이 수니파 탄압 강도를 높이자 반정부 세력의 불만도 커져갔다. 한때 수니파 집권당이던 이라크의 바트당 소속 군사 장교들은 미군이 철수한 직후 석방돼 반군 세력의 든든한 지원군이 됐다. 이 세력 중 하나는 IS의 전신인 AQI다. AQI는 후세인 추종자와 시아파 저항세력, 외국 출신의 무자헤딘을 영입했다. 이라크 정부는 최대 규모 유전지대인 키르쿠크 귀속 문제를 두고 소수민족인 쿠르드족과 마찰을 빚으면서 통합 기능은 상실하고 만다.

중동의 구심점 없는
IS 대응

중동권 국가의 IS 대응은 제각각이다. 서로의 이해관계만을 따지는 구심점 없는 대응에 IS 사태 해결을 기대하기도 요원한 상태다. 당장 중동국가들은 IS에 대한 엇박자 행보로 단합조차 하지 못하고 있다. 자국 우선주의 정책과 외교 노선의 불확실성은 IS 사태를 더욱 복잡하게 만들었다. 아랍권의 이러한 대응은 국제사회의 호응도 얻지 못한 채 무기력한 모습을 노출했다.

아랍권에서 구심점 역할을 해야 할 아랍연맹(AL)도 방관자적 입장을 벗어나지 못했다. 아랍권 22개국으로 구성된 아랍연맹이 결의안을 내놓더라도 이를 강제할 수 있는 수단도 없다. 갈등을

중동 국가들의 IS대응

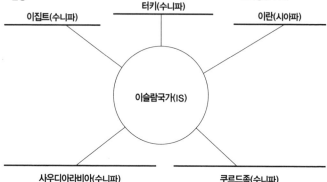

이집트(수니파)

- 군부정권 이후 IS사태를 자국 내 치안 문제로 거론
- IS등의 해결 위해 아랍군 창설 주장
- 자국의 지상군 파견 반대 입장

터키(수니파)

- 시리아 알아사드 정권의 비판적 입장 견지
- IS에 대한 군사적 대응에 방관적 자세
- 현재는 IS와 쿠르드 PKK 대상으로 '2개의 전쟁'
- 이란의 세력 확장에 경계

이란(시아파)

- 시아파 맹주로 이라크, 시리아 정부와 긴밀하게 협력, 조절 가능
- 헤즈볼라와 협력, 시리아 정부군 지원
- '시아파 벨트' 유지 위해 IS확장을 견제

이슬람국가(IS)

사우디아라비아(수니파)

- 이라크, 시리아 반군에 자금 지원 의혹
- 이란 세력 확장에 대한 견제 의도
- 예멘, 이란, 이라크 관계 주시
- IS에 대한 적극적 의견 피력 자제

쿠르드족(수니파)

- 최대 소수민족으로 독립 최우선 목표
- 미국의 지원을 받고 있는 군대
- 정예부대, 페쉬메르가 보유
- IS개입과 자국의 독립을 연계시킬 가능성 높음

중재할 역량도 사실상 없는 셈이다. 아랍연맹은 설립 후 70년간 변화와 개혁을 하지 못하고 답보 상태에 머물렀다. 여기에 수니파와 시아파의 종파 갈등, 이슬람주의와 세속주의라는 두 정치적 이념 경쟁은 중동국가들의 IS 사태 해결을 더욱 꼬이게 만들었다. 수니파 종주국인 사우디아라비아와 시아파 맹주인 이란의 대리전 양상도 IS 사태를 계기로 더욱 부각됐다.

걸프국가들이 정권 유지에만 집착한 것도 IS를 키우게 된 하나의 배경이다. IS가 이라크와 시리아에서 활개 치는 동안 중동 국가 지도자들에게 최대 현안은 IS를 퇴치하는 것이 아니었다. 체제 안정이 가장 먼저였다. '아랍의 봄' 이후 중동 4개국 지도자들이 잇달아 권좌에서 쫓겨나자 중동의 왕정 국가들은 정권 유지에 수단과 방법을 가리지 않았다. 이러한 분위기에 IS의 출현, 시리아 난민 등 외부 문제는 상대적으로 등한시하게 됐다.

오히려 일부 걸프국의 부호들은 같은 수니파인 시리아 반군 조직에 자금과 무기를 지원하면서 중동 내 폭력의 강도도 높아졌다. 시리아 반군 중 일부는 나중에 IS 모태 조직에 합류했다. 결국 IS의 초반 세력 확장을 걸프국이 간접적으로 도와준 셈이 됐다.

시리아, 이라크와 인접한 각 중동국가들의 IS에 대한 외교 정책, 대응 과정을 보면 공통점을 찾기 어렵다. 아랍권의 공조는 사라지고 자국 중심주의의 이해관계만 남았기 때문이다.

터키

나토 회원국인 터키는 나토 중에서 다섯 번째 규모의 군사력을 보유한 군사 강국이다. 수니파 정권인 터키는 IS 사태에 방관적인 자세를 취하고 있다는 비판을 자주 받아왔다. 사실 터키는 2011년 시리아 내전이 발발하고 나서 시아파 분파 알라위트파인 시리아의 알아사드 정권이 전복되기만을 내심 기대했다. 터키는 알아사드 정권 축출에는 대놓고 큰 관심을 보였지만 IS 격퇴에는 정치적 이유로 거리를 두는 모양새를 취했다. 터키는 지금도 시리아 반군의 보급로 역할을 하며 알아사드 정권 전복의 기대를 저버리지 않고 있다.

시리아 반군에 전달되는 무기와 자금은 주로 터키 남부를 경유해 시리아 북부 지역으로 넘어 갔다. IS 대원에 가입하려는 세계 각지의 청년들도 터키 남부 지역을 거쳐 시리아로 향했다. 그러나 터키는 IS가 세를 넓히는 시리아 북부 국경 지대에 군사적으로 개입하는 것을 꺼리는 눈치다. IS를 격퇴해도 또 다른 극단주의 무장 세력이 등장할 것이란 이유를 댔다. 터키 정부는 시리아인의 자국 영토 진입을 엄격히 막지는 않고 있다. 다만 시리아 내전이 5년째 계속되면서 난민 160만 명 이상이 터키로 넘어와 난민 수용에 한계에 달했다고 호소하고 있다. 터키는 시리아와 국경지대에 안전지대를 설정해 국제사회가 난민 수용을 분담해야 한다고 제안했지만 호소력이 떨어졌다.

터키는 2015년 7월 남부에서 발생한 IS 추종 세력과 쿠르드족 군사 조직인 쿠르드노동자당(PKK)의 잇단 테러로 '두 개의 전쟁'을 시작했다. 2013년 4월 휴전협정 체결 이후 2년 4개월 만에 PKK와 전쟁을 재개한 것이다. 동시에 터키는 IS 추정 세력의 테러에 자국민 32명이 사망한 뒤 국경지대 IS 거점을 겨냥해 전투기로 공습했다. 그러나 터키는 시종일관 시리아에 지상군을 투입하지는 않겠다고 밝혔다. 터키가 IS 퇴치를 목표로 삼기보다는 터키 내 쿠르드족의 활동을 견제하려는 의도에서다.

터키는 이란을 중심으로 한 시아파의 영향력 확산에도 매우 경계하는 모습이다. 이란이 시리아 사태 개입을 본격화하는 양상을 보이자 터키는 뒤늦게 기존의 정책 방향을 바꿔 시리아 반군에 군사 훈련을 제공했다. 터키 남부 공군 기지에 미군의 전투기

배치를 허용한 것도 같은 맥락이다. 이슬람주의자인 레제프 타이이프 에르도안 터키 대통령은 세속주의 군사 정권이 들어선 이집트와는 지금도 대립각을 세우고 있다. 반면 걸프만의 자원부국인 카타르와는 비슷한 외교 정책 아래 공조를 취하고 있다.

사우디아라비아

걸프국가의 맏형 격인 사우디는 IS를 공개 비판했다. 2015년 9월 23일 시작된 미군 주도의 공습을 지지하고 실제로 참가도 했다. 또 미국의 요청에 따라 온건 성향의 시리아 반군을 훈련하기 위해 기지를 제공하기도 했다. 그러나 시간이 흐를수록 IS 대응에 적극적으로 나서지 않는 경향을 보이고 있다. 또한 IS의 하루 평균 수입 중 상당한 액수가 사우디를 중심을 한 걸프국 부호들의 지원금이라는 분석도 나온다. 물론 사우디 정부가 IS를 직접 지원하지는 않지만 IS를 비롯한 수니파 무장 단체로 유입되는 자금을 적극적으로 차단하지 않는 것으로 알려졌다. 이 때문에 사우디가 IS의 세력 확장에 간접적으로 일조했다는 지적을 받는다.

IS에 합류한 외국인 대원 중 상당수도 사우디 출신으로 추정된다. 미국 정보기관의 분석에 따르면 튀니지(3000명)에 이어 다음으로 많은 국가가 사우디다. 지금까지 청년 2500명이 이슬람 무장단체에 가입하려고 시리아로 떠난 것으로 파악되고 있다. 사우디는 원유 부국이면서도 같은 수니파인 시리아 난민에는 무신경하다는 비판도 받고 있다.

사우디가 IS 사태에 깊이 개입하지 않는 이유는 크게 두 가지로 분석된다. 첫째는 수니파 무장 세력을 이용해 시아파 맹주인 이란을 견제하기 위해서다. 사우디는 이란이 시아파인 이라크와 시리아 정권, 레바논 헤즈볼라에 자금, 군사적 지원을 하는 것을 못마땅하게 여기고 있다. 이란 핵 협상 타결에 따라 이란이 이라크 정부에 미치는 영향력을 키운다면 이 역시 사우디로서는 여간 불편한 일이 아니다. 사우디가 자신의 동맹인 미국이 이란과 핵 협상에 합의하자 내심 불편한 기색도 보였다.

둘째, 사우디는 2011년 '아랍의 봄' 이후 중동 정세가 불안해지자 자국 안보에 더 치중해 왔다. 당장 사우디와 국경을 맞댄 예멘에서는 수니파 정권이 위기에 처했다. 시아파인 후티 반군에 의해 수니파 대통령은 사우디로 피신하기까지 했다. 사우디는 그 실질적 효과는 미지수지만 공군을 동원해 예멘의 후티 거점을 연일 공격하고 있다. 게다가 사우디는 국제시장의 유가 하락으로 재정 압박을 받는 상황에서 주도적으로 나서 IS를 선제공격할 명분도 약하다. 오히려 IS가 시아파가 장악한 시리아, 이라크 정부군을 약화시킨다면 사우디로서는 반가울 수도 있다. 사우디는 IS 사태 해결보다는 예멘과 이라크 등 주변국의 정세와 내전 상황에 더 주의를 기울이고 있다. 다만 사우디는 시리아 내전 초기 간접적으로 시리아에 있는 수니파 반군에 상당한 액수를 지원한 것으로 분쟁 전문 기관들은 보고 있다.

사우디 왕정은 '아랍의 봄'으로 중동이 격변기에 접어들자 '당근과 채찍' 전략을 쓰면서 종교, 경찰, 정보기관 등을 동원해 위기를 넘기기도 했다. 특히 민중 봉기가 자국으로 확대되는 것을 막고자 지금까지 축적해 온 막대한 오일 머니를 투입해 국민의 불만을 잠재우는데 총력을 기울이는 모습도 보였다. 사우디 당국은 IS에 고무된 국내 지하디스트가 증가해 왕정 타도에 나설까봐 내심 우려하는 눈치다.

이란

이란은 IS 사태 해결에 결정적인 역할을 할 수 있는 국가다. 이란이 시아파인 이라크와 시리아 정부와 긴밀하게 협력하며 IS 대응을 조율할 수 있는 유일한 중동국이기 때문이다. 이라크의 시아파 정권, 시리아의 알라위트파 정권, 레바논의 시아파 무장정파 헤즈볼라로 이어지는 '시아파 벨트' 지키기가 급선무다. 실제 이란은 같은 시아파 정권이 붕괴되는 것을 필사적으로 막으려고 했다. 이란은 또 시아파 집권 기간의 활동을 이례적으로 묵인했고, 이라크 서북부 지역에서 이뤄진 IS 격퇴 작전에도 발 벗고 나섰다. 이란은 2015년 3월 2일 시작된 이라크 정부군의 티크리트 탈환 작전에도 깊숙이 관여했다. 이란 최정예부대인 혁명수비대는 이라크 보안군에 자문하고 이란 조종사들은 공습에도 참여했다. 이란은 이라크 북부 쿠르디스탄에도 무기와 군사 고문을 보내기도 했다.

이란이 시리아에 개입하는 모양새도 이라크와 흡사하다. 시리아 내전은 기본적으로 시아파 계열의 알아사드 정권과 수니파 반군 간 충돌 구도인데 이란은 내전 시작 단계부터 알아사드 정권을 지원해 왔다. 알아사드 정권은 IS 외에 최대 반군 조직 알누스라전선(알카에다 시리아 지부)과 싸워야 할 처지여서 이란에 대한 의존도도 높을 수 밖에 없다. 이러한 이란의 입지는 알아사드 정권에 영향력을 행사해서 내전의 정치적 해법을 도출해 내는 데 결정적 역할을 할 수도 있다.

이와 별도로 이브라힘 알자피리 이라크 외무장관은 2015년 3월 시리아 수도 다마스쿠수를 방문해 양국의 우의를 대내외에 과시하기도 했다. 이는 양국이 시아파 벨트를 공고화하고 IS 대응에 서로 지원하겠다는 차원으로 해석된다. 레바논의 헤즈볼라는 시리아 국경지대에서 이란의 지원을 받으며 시리아 정부군과 함께 반군을 공격하기도 했다. 이란은 IS 격퇴에 관한 미국과 공조 여부에 대해서는 "미국이 IS 격퇴를 위한 국제연합군에 동참해달라고 여러 번 요청했으나 이를 거절했다"고 주장했다.

이집트

이집트는 IS 격퇴를 주장하는 중동의 수니파 대국이지만 자국의 지상군 파견에는 회의적인 입장을 취하고 있다. 2014년 대통령에 당선된 군부 실세 출신의 압델 파타 엘시시는 IS 사태를 국내 치안 문제와 엮으며 정치적으로 이용하려 했다. 엘시시 대통령은 '테러와의 전쟁'을 선포하면서 그 주체는 명확하게 밝히지 않았다. 대외적으로는 시나이반도에서 활동하는 IS 연계 단체를 거론하면서도 국내에서는 최대 이슬람 정치 조직인 무슬림형제단을 겨냥한 것이다.

엘시시 정권은 지금도 무기 도입과 국방력 증강을 바탕으로 테러 소탕에 힘을 쓰면서도 IS 사태에는 직접적으로 개입하지 않고 있다. 이집트는 IS 사태를 해결하기 위해 일찌감치 시리아에 지상군을 투입할 계획은 없다고 못 박기도 했다. 엘시시 대통령이 한때 대외적으로 아랍 연합군을 창설해 IS를 소탕하자고 제안했으나 지금은 흐지부지된 상태다. 엘시시의 아랍군 창설 제안은 혼란스러운 국내 정치질서를 바로잡고 중동 내 주도권을 잡으려는 차원의 정치적 시도로 보인다. 이집트는 사우디로부터 막대한 재정 지원을 받으며 관계를 유지하는 만큼 사우디의 정책에 맞춰 IS에 대응할 공산이 크다.

이집트는 시리아와 직접 국경을 접한 국가도 아니어서 굳이 적극적으로 나설 필요도 없다. 경제 사정도 악화해 IS 격퇴를 위해 다른 나라에 자금 지원해 줄 수 있는 처지도 아니다. 이집트는 IS 사태에서 주변 역할을 맡을 것으로 관측된다. 이집트 정부는 국제회의 등에서 아사드 정권의 퇴진을 공개 요구했으나 이러한 행보 역시 IS 사태 해결 과정에 큰 영향을 끼칠 정도는 아니다. 이집트는 과거에 하산 알 반나와 사이드 쿠틉, 자와히리 등 이슬람 급진주의 사상을 설파한 종교 사상가들을 배출하기도 한 나라이기도 하다. 그러나 IS 사태와 관련해서는 이전과 마찬가지로 앞으로도 거리를 두고 방관자의 자세를 취할 것으로 보인다. '아랍의 봄' 이후 지금까지 정치적 불안정이 이어진 데다 다른 나라를 도울 경제적 여력도 없다.

엘시시 대통령을 주축으로 한 군부는 2013년 7월 이집트 사상 처음으로 자유민주주의 경선으로 선출된 무함마드 무르시 전 대

통령을 축출했다. 이후 군사 정권 반대 시위가 지속되면서 지금
도 정국 혼란이 이어지고 있다. 이집트는 무슬림형제단 출신의
무함마드 무르시 전 대통령을 축출하고 군사 정권이 들어선 뒤
터키, 카타르와 관계가 급속히 냉각됐다. 터키와 카타르는 줄곧
무슬림형제단을 지지해 왔다.

쿠르드족

　세계 최대의 소수민족으로 알려진 쿠르드족은 IS 격퇴에 최전
방에 나서 승리를 거둘 정도의 막강한 군사 조직을 갖췄다. 쿠르
드족으로서는 IS 사태가 독립국가의 꿈을 실현할 절호의 기회다.
따라서 쿠르드족은 IS 사태가 진정되면 곧바로 독립을 본격적으
로 추진할 것으로 예상된다. 쿠르드족은 중동에서 네 번째로 인
구가 많은 부족이자 세계 최대의 소수 민족이다. 하지만 여전히
정식 독립국은 아니다. 주변 강대국의 간섭과 훼방으로 국가를
건립하지 못한 채 터키, 시리아, 이라크, 이란으로 뿔뿔이 흩어져
살고 있다. 쿠르드족 거주 지역에 석유가 나오기 시작하면서 이
권 등을 둘러싼 갈등도 독립을 저해하는 요소다.

　IS 사태는 쿠르드족으로서는 호재로도 작용할 수 있다. 쿠르드
족의 염원인 독립국 수립에 한발 더 다가갈 기회를 잡을 수 있어
서다. 쿠르드족이 독립을 요구하는 배경에는 이라크와 터키 등의
핍박이 주요 원인으로 자리 잡고 있다. 쿠르드족은 영국 식민지
시절 이라크군의 공습, 1988년 후세인 정권의 할라브자Halabja 쿠
르드족 마을 주민 5000여 명 학살, 1990년 걸프전 후 후세인 정

권의 탄압에 100만 명 이상이 다른 나라에 뿔뿔이 흩어져야 했던 디아스포라Diaspora를 경험해야 했다. 쿠르드족은 과거 탄압의 기억과 현재 이라크에서 벌어지는 IS 사태가 겹친 상황에서 이번 독립의 기회를 놓치지 않겠다는 각오다.

쿠르드족은 중동의 복잡한 역학 구도 속에서 IS 사태를 해결할 수 있는 키 플레이어로도 거론된다. 쿠르드 민병대인 '페쉬메르가(죽음에 맞선 자들)'는 이라크 정부군보다 더 강한 군사 조직으로 평가받는다. 미국의 지원을 받는 페쉬메르가는 IS와의 전투에서도 잇달아 승전보를 전하기도 했다. 게다가 쿠르드족이 IS의 공격에 피해를 입고 있다는 분위기가 형성된 점도 독립에 유리한 요소다.

서구가 IS에 적극적으로 대처해야 한다는 논리에도 쿠르드족의 위험론이 자주 이용한다. 따라서 쿠르드 자치정부(KRG)가 국제사회의 지원을 받아 독립국 수립의 수순을 밟는 동시에 지역 갈등 조정에도 나설 수 있다. 천연자원이 풍부한 점도 쿠르드족의 국가 건립에 힘을 보탤 수 있다. 쿠르드 자치정부는 이라크 정부보다 부패가 적어 국가 역량도 뛰어나다. 이라크와 쿠르드 자치지역 술라이마니야 주와 국경이 맞닿은 쿠르디스탄에는 450억 배럴 정도의 석유가 매장된 것으로 추정된다. 세계 9위 산유국인 리비아와 비슷한 규모의 경제적 잠재력까지 갖춘 셈이다.

강대국 대리전으로 보는
시각

　　이라크와 시리아 사태에는 미국과 러시아 등 세계 강대국은 물론 주변국의 이해관계가 복잡하게 얽혀 있다. IS를 둘러싼 이라크와 시리아 내부의 충돌을 대리전(Proxy war)으로 보기도 한다. 석유와 중동 내 영향력을 두고 강대국을 대신해 약소국이 대신 싸운다는 논리다. 시리아에서는 미국과 러시아의 대결로, 이라크에서는 사우디와 이란의 대결 구도가 형성됐다는 것이다.

　그러나 엄밀히 보면 이라크와 시리아의 분쟁을 주변 강대국의 대리전으로 치부하기는 무리다. 오히려 중동의 복잡한 역학구도를 지나치게 단순화해 해법찾기를 더 어렵게 할 수 있다. 특히 이라크와 시리아는 주변 국가의 이해관계에 따라 관심도가 크게 다르다. 세계 강대국가 역시 IS 사태를 냉전 구도의 틀에서 벗어나 자국 이익을 중심으로 IS를 바라보고 있다. 대리전의 양상은 제2차 세계대전 이후 미국과 러시아의 패권 경쟁에서 비롯됐는데 현재로서는 그 냉전 구도가 깨진 지도 오래다.

　이라크를 종파 갈등의 시각으로 해석할 수는 있다. 이라크의 시아파 정권은 이란으로부터 직간접적으로 지원받고 있다. 이란 정부와 시아파 민병대는 IS 사태에도 깊이 관여해 왔다. 그러나 이라크 내 강대국 대리전의 논리는 비약이다. 먼저 이라크에서 대리전이 성립되려면 IS를 지지하면서 이란에 맞서야 하는 국가가 있어야 하는데 그런 나라는 없다. 사우디아라비아가 거론될 때도 있지만 사우디는 공식적으로 IS에 반대하는 입장을 내놨다. 사우디 정부가 세계에서 가장 악명 높은 이슬람 무장단체인 IS를 공개 지원할 수도 없는 노릇이다. 물론 사우디가 이라크에서 이란의 영향력 확대를 경계하는 것은 사실이다. 그렇다 해도 사우디가 이란을 견제하는 차원에서 IS를 지원했다가는 나중에 더 큰 역풍을 받게 될 것이 뻔하다. 미국이 이라크의 현 정부를 지지하지만 이라크 내 IS를 공개 지지하는 국가나 정부는 세계 어디에도 없다. 미국에 대항할 국가로 꼽히는 러시아와 중국이 IS를 지원할 리도 없다.

시리아에서는 내전 초기 미국과 러시아의 대리전 양상이 나타나는 듯했다. 미국은 알아사드 시리아 정권의 퇴진을 촉구하며 반정부군을 지원했다. 반면 러시아는 시리아에 붙어 있는 지중해 해안도시에 해군 기지를 둔 만큼 시리아 정권을 적극 두둔했다. 시리아에서는 다른 양상의 대리전도 벌어지는 듯했다. 수니파인 걸프 왕정국가들이 시아파의 아사드 정권 타도를 위해 시리아 반군을 지원한 것이다. 시아파 맹주 이란은 헤즈볼라와 함께 아사드 정권을 도와 수니파 반군에 맞섰다.

그러나 이 대결 구도는 쉽게 깨져버렸다. 미국이 시리아 반군 일부가 IS와 밀접한 관계가 있다는 사실을 뒤늦게 알아차린 것이다. 반군 중 일부 대원은 이슬람 극단주의 성향을 보이며 미군에 적대감을 표시했다. 미국은 시리아 내 알아사드 정권의 적군인 반군 조직을 공습하기에 이르렀다. 그중에는 IS도 당연히 포함돼 있다. 미국이 애초 정권 전복을 바란 알아사드 정권을 의도치 않게 도와준 셈이다. 오바마 정부 들어 미국의 중동 정책이 '최소한의 개입' 원칙으로 선회하면서 미국은 시리아 사태에 어정쩡한 자세를 보이고 있다.

러시아는 이란과 함께 위기에 빠진 알아사드 시리아 정권을 도와 줄 여력을 갖춘 나라다. 러시아는 우크라이나 사태를 둘러싼 유럽국가와의 힘겨루기, 경제적 여건 악화 등으로 시리아 사태 개입에 초반에는 큰 관심을 보이지 않았다. 그러다 2015년 9월 시리아 정부의 요청에 반군 거점 공습을 전격 개시했다. 러시아와 미국은 IS를 '공공의 적'으로 간주하면서 서로 협조할 분위기마저 보이고 있다. 시리아 정부는 러시아뿐만 아니라 이란에 거는 기대도 크다. 시리아는 이라크나 다른 걸프국가와 달리 풍부한 석유나 천연가스 등의 자원이 없다. 국제사회의 지원과 관심이 덜한 이유이기도 하다. 이 역시 시리아 내 강대국의 대리전을 이끌 만한 배경은 되지 못한다. 걸프 왕정국가들도 IS가 등장한 이후 자국 중심으로 시리아 사태를 볼 뿐 시리아 정권 전복에 큰 관심을 나타내고 있지 않다. 그렇다고 왕정국가들이 시아파 정권이 싫다는 이유로 대놓고 IS를 지원하는 일은 벌어지지 않을 것이다.

세계화의 부작용?

IS가 세계화(globalization)의 부정적 효과의 흐름 속에서 생겨났다는 분석도 나름 설득력이 있다. 세계화가 심화되면 대외 경쟁력이 약한 나라는 무한경쟁에서 뒤쳐지게 되는데 '아랍의 봄' 이후 혼돈의 시기를 거친 국가 대부분이 이런 유형에 속하기 때문이다. 국가 경쟁력이 약하면 그 국가는 무역에서 불리할 수밖에 없다. 그러면 수출 경쟁력이 약해지고 또 다시 교역에서 손해를 보는 악순환의 고리에 빠지게 된다.

세계화에 따라 외국의 인력 이동이 자유로워지면서 고급 인력난을 겪고 있는 중동국가들은 더 불리한 처지에 놓일 수 있다. 사실 중동국가 대부분이 여태껏 인력 육성 정책과 교육에서 소홀한 부분이 있었다. 이는 기술력을 갖춘 외국인이 중동에서 고급 일자리를 차지하고 있음을 시사한다. 해외 인력 공급의 경쟁은 선진국에 유리하게 작용할 수 있겠지만 석유가 풍부하지 않은 개발도상국에는 불리할 경우가 더 많다.

세계화의 부작용이 개발도상국 중심으로 눈에 띄기 시작했을 때 원유 부국을 제외한 중동국가 대부분은 높은 빈곤과 실업률 문제에 직면했다. 마땅한 제조 산업 기반이 없던 시리아는 곧바로 이런 위기에 직면했다. 이런 상황에서 시리아는 정부를 비판하는 시위대에 대한 정부군의 무력 진압과 반군의 저항이 지속되면서 5년째 내전이 진행 중이다. 비교적 석유 자원이 풍부한 이라크 국민 다수도 후세인 정권 붕괴 후에도 풍요롭게 살지 못하는 형편이다.

후세인 정권 당시 미국이 주도한 10년 이상의 경제 제재는 이라크 경제에도 악영향을 미쳤다. 세속주의 성향의 튀니지에서는 2010년 12월 물가 폭등과 실업률 증가 속에 한 노점상 청년이 분신자살했다. 이 여파는 이집트와 리비아, 시리아, 예멘으로 확산했고, 부패 정권을 타도하려는 민주화 시위로 번졌다. 이는 경제적 불평등이 심화되면서 상대적 박탈감에 분노를 표출하고 기본적으로 '빵'을 요구한 권리의 외침이기도 했다.

빈곤의 확대는 중동의 불안정을 더욱 키웠다. 종교와 파벌, 부족, 종파 간의 갈등을 심화시켰다. 빈곤의 대물림과 확대가 극단적으로 흘러 반정부투쟁을 촉발하기도 했다. 빈곤과 부패한 정권은 정치권력 장악을 목표로 테러와 과격한 행동을 일삼는 이슬람 급진 무장단체들에 활동 무대를 제공했다.

사회적 혼란기에는 어떠한 과격 행동도 정당화될 수 있다. 과격 세력은 이를 이용해 극단적 폭력을 행사하거나 지지 세력을 결집시킨다. 그러나 그 반대로 안정된 사회 속에서는 과격단체가 설 자리는 좁아지기 마련이다. 지역 주민의 지지는 물론 외부에서 대원을 끌어 모으기가 쉽지 않기 때문이다.

사상과 이념의 전쟁이 사라진 탈냉전시대 강대국들은 걸프만 등 아라비아 반도에서 원유와 천연가스를 차지하려고 치열한 경쟁을 벌였다. 원유 수출입과 정제 사업으로 막대한 이득을 보기도 했다. 게다가 걸프국 지역민의 기술 경쟁력을 높이는 대신 고급 일자리를 꿰차며 이득을 챙겨왔다. 결과적으로 세계화 시대 강대국들이 중동 시장 경제에 부정적 영향을 미친 점을 감안하면 강대국 중심의 세계화는 IS와 같은 과격 무장세력의 성장 배경과도 무관하지 않다. IS 사태 해결을 위해 시리아와 이라크 내 빈곤과 실업률 문제를 먼저 풀어야 한다는 학계의 목소리가 나오는 것도 이 때문이다.

반복되는 폭력의 역사

반복되는 중동 내 폭력의 역사 속에서도 IS가 주목받고 있다. 중동의 현대사를 살펴보면 IS의 폭력성은 단순히 생겨난 것이 아니다. 서구 열강의 개입과 세속주의 독재정권의 등장, 이슬람주의 세력의 무장화 등이 얽히고설키면서 자연스럽게 나타났다.

IS는 폭력의 잔인성으로 현대 중동사에서 가장 진화한 이슬람 급진주의 무장단체로 묘사된다. '진화한 폭력성'을 보여준 IS는 이슬람 급진세력의 역사적 흐름의 연장선에서 발전했다. 잔인성을 가장 많이 드러낸 이슬람 무장 조직으로 수차례 변화를 거듭했다. 그 끝이 지금의 IS다.

러시아의 아프가니스탄 침공에 대항하기 위해 태어난 탈레반은 이슬람 무장단체의 효시로 볼 수 있다. 탈레반은 내부의 적을 상대하는 방법이 총격전이나 폭탄 테러, 암살 등 물리적 폭력에 머물렀다. 탈레반은 초반의 이슬람 급진 무장세력을 대표하는 듯했다. 그러다 2001년 미국 9.11테러를 계기로 알카에다가 단숨에 세계의 주목을 받았다. 알카에다는 이슬람 무장단체가 폭력적으로 진화한 모습을 보였다.

알카에다와 탈레반이 9.11테러 이후 미국의 공격과 국제사회의 거센 비판 속에 주춤하는 사이 더 강력한 이슬람 무장단체인 IS가 이라크에서 태어났다. IS는 '가까운 적', '먼 적'을 가리지 않고 적으로 간주하는 모든 대상을 무차별적으로 공격했다. 알카에다와 비교해 적의 대상 범위가 더 확대된 것이다.

근현대 아랍 폭력의
역사

아랍 폭력의 현대사는 19세기로 거슬러 올라간다. 오스만투르크 제국의 지배에 대한 반감과 서구의 식민 통치에 저항하는 아랍 민족주의 운동이 그 시발점이다. 통상 아랍 민족주의는 같은 언어, 역사, 문화의 관점에서 아랍 국민을 정의하고 통일된 아랍을 만들려는 시도로 해석된다. 아랍 민족은 제1차 세계대전 이후 오스만제국의 전제 통치에 반대하며 폭력 사용을 정당화했다. 아랍인은 제1차 세계대전이 끝나고 나서 영국과 프랑스의 아랍권 영토 분할과 식민지화에 격렬히 저항했다. 1917년 전쟁 말기 영국의 이중적 태도는 중동의 혼란을 더 가중시켰다. 팔레스타인 지역의 주도권 확보를 위해 유대인에게는 이스라엘 독립 국을 약속하는 동시에 아랍인에게는 오스만제국에서 벗어날 수 있게 해주겠다고 이중 협약을 한 게 문제의 발단이 됐다. 이러한 영국의 모순된 정책은 현재 중동을 세계에서 가장 위험한 화약고로 만든 역사적 실수이자 책략으로 기록됐다.

서구 열강의 중동 개입은 현대 아랍 국가의 형성 과정에서 복합적인 문제를 일으켰다. 제2차 세계대전 이후 영국과 프랑스의 영향력이 후퇴하자 또 다른 분열이 생겼다. 최대 정치세력으로 떠오른 아랍 민족주의자와 함께 정치이슬람(Political Islam) 세력이 대두한 것이다. 아랍 민족주의 개념 안에는 종교적 구분이 크지 않다. 종교와 상관없이 하나의 통일된 아랍 국민이라는 의식이 담겨 있다. 반면에 정치이슬람이라는 개념에는 종교적 색채가 짙게 깔려 있다.

아랍민족주의와 이슬람 세력 이 두 개의 큰 집단은 아랍세계의 발전을 이끌기도 하고 국민적 단결을 위한 유용한 신념을 불어넣기도 했다. 하지만 반목과 대립, 갈등을 반복하면서 아랍의 혼란을 부추기기도 했다. 두 흐름은 아랍권 국가의 자주 독립을 추구하고 서구 열강의 개입에 거부하는 동일한 목표를 지녔다. 그러나 이 목표는 달성되지 못했다. 두 흐름은 권력 장악을 위한 이전투구를 계속했고 급기야 무력 충돌까지 빚었다.

주도권은 세속주의 성향의 아랍 민족주의 세력이 먼저 잡았다. 이들은 서구 열강과 결탁해 군사력을 강화하면서 이슬람 세력을 탄압했다. 이슬람주의자는 정치권 내 실세인 민족주의자에게 심한 배신감을 느꼈다. 이슬람 공동체의 이상 추구, 민생 복지에 이렇다 할 관심을 보이지 않았기 때문이다. 그들이 보기에 민족주의자는 기득권을 보호하고 대변하는 정권으로 바뀌어 가고 있었다. 이슬람 세력은 민족주의에 기본을 둔 세속 독재정권이 수십 년간 야권과 시민을 탄압하고 민주주의를 후퇴시키는 과정을 목격했다. 이슬람 세력은 또 1948년 이스라엘 건국 이후 1974년까지 4차례의 중동전에서 패한 아랍권 국가의 무능한 지도력과 더딘 경제 발전, 빈곤 문제의 책임을 묻기도 했다. 특히 1967년 제3차 중동전쟁에서 이스라엘에 대패를 당한 아랍권 지도자를 부패하고 타락한 통치자로 묘사하며 맹렬히 공격했다. 이슬람 세력은 그 사이 종교를 정치의 수단으로 사용하며 반정부 세력의 결집을 시도했다.

그러나 이슬람 세력이 넘어야 할 벽은 높았다. 먼저 중동의 격변기 속에서 대처하는 방법과 사회 시민운동에서 서투른 모습을 보였다. 아랍권의 독재자들도 정권 안정을 위해 수단과 방법을 가리지 않았다. 그러면서 독재자들은 이슬람 운동의 분열을 조장하고 통합을 차단하는 데 주력했다. 이러한 탄압과 핍박의 반작용으로 이슬람주의자 사이에서 과격주의 세력이 등장하게 된다. 소위 '지하드를 앞세운 이슬람 급진주의 1세대'가 탄생한 것이다. 이렇게 생겨난 초기 지하디스트의 목표는 서구와 결탁한 세속적 독재 정권을 몰아내고 이슬람 율법인 샤리아법에 입각한 이슬람 국가를 수립하는 것이었다.

이슬람 원리주의(근본주의) 이론과 지하드의 개념을 처음 도입한 이는 이집트 출신의 이슬람 사상가 사이드 쿠틉Sayyid Qutb이다. 그는 이슬람 국가 건설의 필요성을 역설하며 이를 방해하는 세력은 무력을 사용해서라도 저지하라고 설파했다. 행동의 중요성도 강조했다. 쿠틉의 논리는 세속주의 정권 아래 억압을 받고 투옥된 수많은 이슬람주의자에게 큰 영감을 줬다. 그러나 쿠틉은 1966년 8월 29일 이집트 대통령 가말 압델 나세르 암살 혐의로 체포돼 처형됐다. 그러나 쿠틉의 죽음은 현대 지하디즘의 확산을 촉발시키는 계기가 됐다.

쿠틉의 대표작이자 실천적 지침서인 〈진리를 향한 이정표〉는 지하디즘을 추구하는 무슬림의 교과서가 됐다. 이 책에 따르면 1950~60년대 쿠틉과 그 지지자들이 이집트에서 목도한 것은 장밋빛 미래가 아닌 부패한 기득권의 정치 질서와 불평등한 경제 구조였다. 당시 이집트 대학생은 종교적 교리에 사로잡혀 있거나 종교 규율이 엄격한 가정에서 자란 세대들이 아니었다. 이들은 세속주의 정권의 타락한 정치문화와 경제를 바로잡기 위한 사상적 기반을 '이슬람의 부흥'에서 찾으려 했다. 이 현상은 이슬람 급진주의 또는 원리주의가 부흥하는 결과를 가져왔다. 무슬림 지식인층과 대학생들은 이슬람주의가 서구식 물질 만능주의와 타락한 문화에서 벗어나는 데 도움을 줄 것이라 믿었다. 종교적 교리로 무장한 폭력 노선 이외에는 삶을 근본적으로 변화하고 발전시킬 수 있는 방법이 없다고 본 것이다.

쿠틉은 사형 당하기 전 자신의 추종자에게 '신의 권력을 빼앗은 적에게 항전하는 혁명'을 '지하드'라고 정의했다. 쿠틉은 그

지하디스트 계보

세대별 대표지도자	1세대 사이드 쿠틉	2세대 빈라덴	3세대 알바그다디
대표 조직	무슬림 형제단	알카에다	이슬람국가 (IS)
활동시기	1970 - 80 년대	1988 - 2014	2014 - 현재
주요 지도자	하산 엘 반나 (1949년 사망) 사이드 쿠틉 (1966년 사망)	오사마 빈 라덴 (2011년 사망) 아이만 알자와히리	아부 바크르 알바그다디 (1971-현재)
적 구분	가까운 적 (아랍 세속, 독재정부)	먼 적 (미국을 비롯한 서구)	가까운 적, 먼 적 (시아파, 수니정부군, 서구)
특징	• 지하디즘의 이론적 틀 정립 • 이집트 나세르 대통령 암살	• 구소련의 아프가니스탄 침공으로 세력 결집 • 방어적 지하디즘	• 영토가 있는 국가 수립 • 잔혹성 증대 • 소셜미디어 활용 • 행동과 승리

* 주) 파와즈 게르게스(런던정경대학)의 세대 구분법 반영, 자체 재구성

혁명을 이루기 위한 실질적 행동을 촉구했다. 쿠틉의 사상에 영향을 받아 태어난 조직이 국제테러단체로 악명을 떨친 알카에다다. 알카에다 지도자인 오사마 빈 라덴과 그 조직의 2인자인 이집트인 자와히리는 아랍권 최초의 지하드 조직을 만드는 데 성공했다. 1967년 제3차 중동전쟁이 벌어진 해의 일이다. 당시 전쟁에서 아랍연합군은 이스라엘에 참패해 아랍의 자존심은 구겨질 대

로 구겨진 상태였다.

아랍권 사회는 1970년대 이후 독재 정권의 탄압과 억압에 시달렸다. 정치적 자유를 빼앗기고 경제적으로도 어려움을 겪었다. 그 결과 기회의 불평등으로 계층 간 서열도 고착화됐다. 무슬림 사이에서는 독재정권에 환멸을 느끼거나 서구 문화의 침투에 거부감을 표시하며 현실에서 도피하려 종교에 몰두하는 현상도 생겨났다. 아랍권의 독재정권이 장수하면서 그 반작용으로 이슬람 급진주의 사상이 중동권 전체로 확산됐다. 심정적으로 이슬람 급진주의에 옹호하는 시민도 서서히 늘었다. 서구에서 테러리즘과 동의어로 여겨진 지하디즘이 아랍권 사회에서는 일종의 '탈출구'로 비쳐지기도 했다.

1970년대 들어서 종교 간의 평화와 공존에서 균열이 나기 시작했다. 이슬람 종파 간 유혈 사태나 극단주의자들이 벌이는 폭력도 늘었다. 1975년부터 1990년까지 레바논에서 벌어진 최악의 내전으로 15만~23만 명이 사망하고 35만 명이 넘는 난민이 발생했다. 내전 발발 전만 해도 레바논은 서로 다른 여러 종교가 공존하고 평화를 구축하며 민주주의 체계를 갖춘 모범적 국가로 꼽혔다. 그러나 15년간의 내전은 레바논을 종파 갈등이 심해지고 미국과 시리아, 이스라엘, 이란 등 주변국의 정치적 이해관계와 맞물린 대리전의 각축장으로 바꿔버렸다.

제3차, 제4차 중동전이 사실상 이스라엘의 승리로 끝나면서 뼈아픈 패배를 맛 본 아랍권은 이스라엘을 '공공의 적'으로 간주했다. 이스라엘은 이슬람 급진주의 세력의 주요 목표물로 떠올랐

IS·탈레반·알카에다의 역학 관계

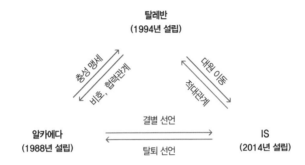

다. 이스라엘과 1979년 중동 평화협상을 체결한 이집트는 아랍권에서 따돌림까지 당했다. 이집트 출신의 이슬람 근본주의자이자 알카에다의 2인자 자와히리의 사상에 물든 과격 무장세력이 이스라엘과 평화협정을 맺은 이집트의 안와르 사다트 대통령을 암살하면서 중동에 또 다시 거센 격랑이 불어닥쳤다. 팔레스타인에서는 이슬람 무장정파 하마스가 강력한 정치 세력으로 등장하면서 이-팔간 무력 충돌이 더 격화됐다.

1979년 호메이니가 주도한 이란 이슬람 혁명도 이러한 격변기 속에 이뤄졌다. 호메이니는 무슬림의 갈등을 극대화하는 세속주의와 민족주의 장벽의 철폐를 주장하며 혁명을 성공으로 이끌었다. 이후 이란은 핵무기 개발 의혹 속에 이스라엘과 신경전을 벌였고, 이스라엘은 최소 두 차례 '선제 공습'을 시사하며 이 일대의 긴장감을 고조시켰다.

이란의 이슬람 혁명 이후 1980년대 아랍권에서는 사상적, 종교적으로 지하디즘을 옹호하는 분위기도 형성됐다. 고국이 아니더라도 이슬람의 가치를 지킬 수 있는 곳이 있다면 순교를 결심하는 무슬림도 생겨났다. 1980년대 말 아프가니스탄을 침공한 러시아에 저항하는 이슬람 무장세력인 무자헤딘이 그 축의 중심에 섰다. 그리고 그 무자헤딘을 결집한 오사마 빈 라덴은 아프간과 파키스탄 국경 일대에서 세력을 키운 알카에다의 지도자가 됐다.

탈레반과 IS

아랍어로 '학생'이란 뜻을 지닌 수니파 무장조직 탈레반도 IS와 역사적으로 관련이 깊다. 이슬람주의 무장대원을 뜻하는 무자히딘(이슬람 전사)이 결성한 탈레반은 냉전 말기 구소련이 이슬람 국가인 아프가니스탄에 군사 개입을 하자 이에 대항하는 조직으로 태동했다. 당연히 탈레반은 구소련과 가까운 정권 타도를 목표로 반정부 투쟁 노선을 택했다. 1978년 아프간에서는 군부 쿠데타로 친소 좌익 성향의 공산주의 정권이 들어섰다. 그 다음해인 1979년 이란 혁명의 영향을 받은 이슬람 세력이 공산주의 정권에 반대하며 무장 항쟁을 시작했다. 급진 성향의 이슬람 세력이 이 항쟁에 가담하며 지하드 사상은 급속도로 확산됐고, 구소련의 아프간 침공을 계기로 탈레반의 전쟁도 시작됐다.

아프간과 파키스탄 국경에서 세를 키워 정권까지 수립했던 탈레반은 IS와 연계된 지하디스트 단체의 효시로도 볼 수 있다. 세계에서 가장 먼저 주목받는 이슬람 무장조직이기 때문이다. 이

단체는 치열한 전투 끝에 구소련군이 1989년 아프간에서 철수하면서 더욱 유명해졌다. 탈레반은 2001년 9.11테러 때는 알카에다를 비호해 국제사회 사이에서 테러단체로 인식되기도 했다. 탈레반의 설립자이자 최고지도자인 물라 무함마드 오마르는 1980년대 소련의 아프간 침공 때 독립운동을 벌이며 이 단체를 성장시켰다. 탈레반은 비록 AK소총과 같은 재래식 무기로 무장했지만 10여 년간 게릴라전으로 소련에 맞서 싸웠다. 게릴라전을 포함해 다양한 전투 경험을 쌓은 무자헤딘 일부는 나중에 알카에다와 IS에 합류하기도 했다.

구소련군이 아프간에서 철수한 뒤 중동 출신의 외국 지하디스트는 자국으로 돌아갈 수 없었다. 지하디스트가 복귀하면 정권과 안보에 위협이 될 것을 우려한 자국 정부의 봉쇄조치 탓이다. 탈레반에서 활동하던 지하디스트는 결국 잠재적 위협 인물로 낙인찍히면서 더욱 극단주의 성향을 띠게 된다. 결국 오사마 빈 라덴이 이들을 흡수해 알카에다를 성장시켰고, 9.11테러까지 저지르게 된다. 그 후 탈레반 출신의 지하디스트는 실전 경험과 각종 테러 수법을 다른 무장 대원에게 전수시켰다. 이들은 나중에 알카에다의 지도부나 IS의 핵심 전투 요원으로 재탄생하기도 했다.

수니파 무장조직인 탈레반과 알카에다 두 조직은 설립 초기부터 우호적인 관계를 맺었다. 빈 라덴은 1996년 아프간에서 정권을 잡은 탈레반 지도자 오마르의 보호와 지원을 받으며 알카에다 세력을 본격적으로 확장시켰다. 그러나 오마르가 2013년 사망한 것으로 알려지면서 탈레반과 IS관계는 안개 속으로 빠진 형국이다. 탈레반은 지도자를 물라 아크타르 만수르로 교체한 뒤 아프간 정부와 평화협상 개시 여부를 놓고 지도부가 내부 분쟁을 겪는 것으로 알려졌다. 알카에다는 탈레반과는 동반자적 관계를 유지했지만 IS에는 결별을 공식 통보했다. 알카에다 지도자 아이만 자와히리는 2015년 8월 탈레반의 새 지도자 만수르에게 충성을 맹세하며 IS를 더 자극했다. 최근에는 탈레반과 IS의 갈등설이 불거졌다.

IS의 대부격인 알카에다, 나중엔 결별과 대립

사우디아라비아 국적의 빈 라덴과 이집트 출신의 알자와히리는 1988년 파키스탄에서 알카에다를 결성했다. 아랍어로 '근거지' 또는 '본부'라는 뜻의 알카에다는 수니파 과격주의 단체 중에서 탈레반에 이은 두 번째 지하디스트 세대로 여겨진다. 알카에다는 2011년 '아랍의 봄' 이전까지 20년 이상 명맥을 유지하며 최대 테러단체로 불렸지만, 9.11테러 이후 미국의 공습과 군사 작전에 그 입지가 크게 위축됐다. 지금은 IS에 가려 그마저도 줄어들었다.

알카에다의 핵심 대원은 1979년 소련이 아프간을 침공했을 때 대항하던 무자헤딘이 주축이다. 무자헤딘은 성전을 뜻하는 지하디스트라고 불리기도 하지만, 막강한 군사력의 소련군에 맞서 게릴라식 전투로 승리한 무장대원의 이미지가 강하다. 1979년부터

알카에다 VS 이슬람국가(IS)

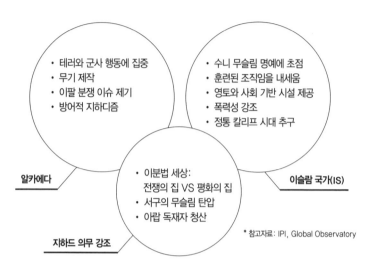

* 참고자료: IPI, Global Observatory

10년 동안 이어온 소련의 아프간 침공은 무슬림 게릴라 전사뿐만이 아니라 주변 아랍 영토를 지키기 위한 의용군을 끌어 모으는 계기가 됐다. 빈 라덴도 아랍 의용군 출신이다. 1990년 걸프전쟁 때 미군이 이슬람교의 성지인 사우디 메카와 메디나에 주둔한 사건은 이슬람주의자의 공분을 촉발시켰다. 이는 알카에다 세력의 부흥에 불을 지폈다.

알카에다의 목표는 명확했다. 안으로는 청년 무슬림을 결집시켜 세속화한 기존 독재정부와 엘리트 계층을 몰아내는 것이다. 밖으로는 미국과 서구의 세속적이고 이권 중심의 정치, 문화, 군사적 영향에서 사우디아라비아 등 이슬람권을 해방시키는 것이다. 알카에다는 제2차 세계대전 이후 끊임없이 제기된 독재와 부패, 빈곤, 열강의 개입 등 아랍권의 다양한 문제를 이슬람 근본주의 사상에서 해법을 찾으려고 했다. 빈 라덴과 그의 추종자들은 이슬람 교리에 맞춰 사는 이슬람 공동체를 그 대안으로 제시했다. 이슬람 부흥 운동과 궤를 같이 하면서 설립 초기 알카에다를 지지하는 자선 단체도 적지 않았다.

지하드의 이념은 사우디 정부를 비롯해 이슬람 법학자, 평범한 일반 시민 사이에서도 지지를 받기도 했다. 특히 아프간 전쟁에 참여한 무슬림 청년들은 지하드 사상에 이끌렸고, 서구에 맞서고자 국제화, 무장화된 조직을 꾸리게 됐다. 이슬람 급진주의자들이 종교를 정치의 도구뿐만 아니라 전쟁의 도구로도 이용하기 시작했다.

그러나 알카에다는 시간이 지나갈수록 내부 갈등과 전략적 한계를 드러냈다. 먼저 지하드의 해석을 달리 하는 세력이 등장해 내부 혼선을 키웠다. 제1세대 지하드의 정신적 지주인 사이드 쿠틉을 비롯해 알카에다의 빈 라덴, 자와히리 등 이슬람주의 지도자의 기본 사상이 도전을 받게 됐다. 지하드가 공격적 개념에서 탈피해 더욱 제한적이고 방어적인 개념으로 해석돼야 한다는 반론이 제기된 것이다. 제한적 지하드는 테러리즘과 거리를 두면서 민간인을 공격해서는 안 된다는 개념을 기본으로 하고 있다. 국제적 지하디즘을 추구하는 과정에서 무고한 시민을 위협하고 평화를 깨뜨릴 우려가 있다는 이유에서다. 이는 알카에다가 고수한 기존의 폭력 노선과 배치되는 것이어서 내부 분열의 씨앗을 제공하게 됐다.

알카에다 내부의 경쟁과 불화도 커져갔다. 20년 넘게 조직이 지속되다 보니 정치적 이해 다툼이 생기고 물질적 보상에 대한 불만도 터져 나왔다. 알카에다를 탈출한 대원들은 지도부의 노동 착취와 정당한 보상이 없었다는 증언을 언론에 쏟아냈다. 알카에다 내 파벌 문제도 존재했다. 내부 조직원이 아랍은 물론 전 세계 각지에서 온 무슬림으로 구성된 만큼 국가별로 자연스럽게 파벌이 조성됐다. 파벌간 적대적 대응과 갈등은 갈수록 심화됐다. 자신이 지지하는 파벌의 우두머리가 알카에다 핵심 리더가 되지 못했을 때의 갈등 수위는 특히 심했다. 알카에다가 타도 대상으로 삼은 기존의 기득권 정치 세력과 닮아가게 된 것이다.

전략적인 부분에서도 한계가 있었다. 알카에다는 '먼 적'인 미국과 서구세계를 타도하겠다는 목표를 천명했어도 9.11테러 이후 이를 구체적인 후속 행동으로 뒷받침하지 못했다. 물론 알카에다를 자처한 개인들이 크고 작은 폭탄 테러 등을 자행했으나 IS처럼 물리적인 영토를 확보하지도 못했다. 이 때문에 알카에다가 서구를 겨냥해 감행한 공격은 주로 개별적 테러로 간주됐다. 알카에다의 공격에 노출된 각 정권은 '테러와의 전쟁'을 선포하면서 알카에다가 오히려 그 정권의 지지도를 올려주는 역할을 했다. 알카에다의 두드러진 활동도 2001년 9.11테러 이후 거의 찾아보기 어렵다.

알카에다의 초보적인 선전전도 조직의 세력과 이미지를 약화시킨 요인이다. 비디오를 통해 육성으로 성명을 발표하는 등의 구시대적 선전전은 소셜미디어에 익숙해져 가는 아랍권의 젊은 사회에 별 영향을 주지 못했다. 알카에다 본부가 있는 아프가니스탄과 파키스탄 국경 지역의 주민과 소통하는 데도 문제가 있었다. 먼 적인 서구세계에 집중하느라 현재 처한 삶을 걱정해야 할 주민과의 소통은 미흡했다. 외부 조력자가 될 수 있는 현지 주민의 의견은 듣지 않고 자신이 전달하고 싶은 메시지만 일방적으로 발표하는 방식에 현지 주민의 외면을 받았다. 알카에다는 아프간과 파키스탄 일대의 거점에서도 소통에 관해 미숙한 모습을 보였다. 궁극적인 목표를 실천하기 위해서는 지지 세력을 키우고 일반 토착 무슬림과 활발히 교류해야 했으나 그렇지 못했다.

2001년 9.11테러 이후 서구에 '이슬람 최고의 극단주의 테러 단체'의 이미지로 세계를 공포로 몰아넣기까지 한 알카에다는 결국 내부 갈등과 불화로 서서히 동력을 잃어갔다. 외부적으로 단편적이고 지도부의 위상만 높이는 목표에만 치우친 나머지 주민과 소통에는 실패했다. 끝내 알카에다는 실천력이 너 뛰어나고 주민과 소통을 시도하는 IS의 탄생을 돕는 환경을 만드는 데 일조했다. 알카에다는 지는 이슬람 무장단체 세대로, IS는 뜨는 세대로서 두 단체의 간극이 점점 커지고 있다.

지하디스트의
새로운 물결 IS

20년간 지하드 그룹을 대표한 알카에다가 평범한 무슬림의 지지를 잃으며 세력이 약화된 사이 IS가 그 대체 세력으로 등장했다. IS는 참수와 잔혹한 행위, 문화재 파괴, 파리 테러, 자살 폭탄 공격 등을 일삼으며 세계의 이목을 단숨에 사로잡았다. 특히 우리나라의 한 청년이 IS에 가담하기 위해 시리아로 넘어가면서 우리에게도 널리 알려졌다.

IS는 알카에다의 뒤를 잇는 이슬람 무장단체의 역사적 흐름 속에서 태어났다. IS는 지하디즘의 계보를 잇는 최근 세력임에는 틀림이 없다. 그렇지만 앞선 탈레반, 알카에다 세대와 비교해 잔혹함과 실행 면에서 진화한 모습을 보였다. 잔인한 행동에도 이라크와 시리아의 수니파 주민 일부에게서는 지지를 얻고 있다. IS는 이미 준국가 시스템을 갖췄다. 또 이라크와 시리아를 포함한 샴(영어 명으로 레반트에 해당) 지역에서 영토 확장을 노리며 전쟁 행위를 계속하고 있다. IS의 극단적인 행동은 중동에 있는 적국에게 공포심을 주고 국제사회로부터는 '잔인한 테러집단'이란 비난을 받았다.

지하드 운동의 3세대 계보를 잇는 IS는 기존 이슬람 급진주의 세대와 비교해 거의 모든 면에서 진화했다. 목적과 이념, 전략, 전술, 잔혹 행위 등에서 한 단계 발전된 모습을 보였다. 문제는 IS의 잔혹성과 그 잔혹성에 아랍 청년들이 동요하고 있다는 점이다. 기존의 이슬람 무장 세력이 테러를 포함해 잔혹한 행위를 하지 않았다고 지적하는 것은 아니다. 그러나 외국인 인질과 무고한 시민에 대한 참수와 화형, 익사, 총살 등의 잔인무도한 방법은 그 잔인성의 범위와 강도를 확장시켰다. 세계 각지의 소외된 일부 청년들은 '승리와 영토 확보' 뒤에 숨은 IS의 선전전과 잔혹성을 간과한 채 시리아행을 꿈꾸고 있다.

IS 전신 조직의 테러와 군사행위 건수(이라크, 2012-2013)

자살 차량 폭탄 공격	차량 폭파	자살 테러
78건	537건	160건
오토바이 폭탄 공격	노상 폭탄 공격	무장 공격
14건	4465건	336건
암살	흉기 공격	주거지, 모스크 등 공격
1083건	607건	1015건
검문소 설치	저격	도시 점령
30건	1047건	8건
강제개종, 회유	아군 수감자 석방	시아파 추방
+100건	+100건	+100건

* 참고자료) al-Naba(The News), 2012-2013 분석자료

2011년 '아랍의 봄'과 같은 격변기가 초래한 정치 공백을 틈타 IS는 영토 확장을 계속 시도하고 있다. 중동의 혼란이 계속된다면 알카에다가 지고 IS가 새로 떠오른 것처럼 포스트 IS 세대가 출현할 가능성도 배제할 수 없다. 현재까지 많은 아랍 청년이 IS의 폭력 노선에 분명히 반대하면서도 목적과 이념에 동조하는 듯한 분위기는 당분간 이어질 것으로 보인다.

폭력 노선의 허점과
이슬람학자의 IS 비판

IS와 알카에다의 공통점 가운데 하나는 두 조직 모두 '급진 이슬람 무장단체'라는 점이다. 대화와 타협보다는 폭력을 우선하는 노선으로 극단주의라는 꼬리표가 따라붙는다. 통상 이슬람주의자는 일반적으로 이슬람 평신도를 일컫는 '무슬림'이 아닌 정치이슬람 세력으로 분류된다. 권력 장악과 함께 국가와 사회 전체의 이슬람화를 궁극적 목표로 삼기 때문이다.

이슬람주의자는 크게 온건파와 급진파로 나뉜다. 온건 성향의 이슬람주의자는 민주적 원칙과 과정을 수용하며 폭력에 반대하는 입장을 취한다. 반대로 급진 이슬람주의자는 무력 사용을 정당화한다. 알카에다와 IS가 이 축에 속하는 대표적 그룹이다. 급진 이슬람주의자는 아랍 폭력의 역사적 흐름 속에서 생겨났다. 물론 아랍권 내 폭력 자체가 본질적으로 문제가 있다는 것을 전제로 하는 것은 아니다. 오스만 제국과 서구 열강의 개입에 대해 저항하고 방어하는 데 폭력이 이용된 독립운동의 한 축을 담당한 적도 있기 때문이다.

문제는 정치이슬람 세력의 극단화 경향이다. 이들은 종교 이슬람과 폭력을 정치적 목적을 달성하기 위한 강력한 수단으로 삼는다. 급진 이슬람주의자는 폭력 사용의 정당성을 확보하는 데 노력해왔다. 쿠란과 하디스는 물론 권위 있는 이슬람 율법자, 종교 지도자의 연설 등을 극단적으로 해석, 인용했다. 이에 따라 정치이슬람 세력을 급격한 사회 혁명을 추구하는 정치, 사회 운동 조직

지하디즘의 기원

■ 지하디즘 계보
□ 다른 종파, 분파

* 참고자료) IPIS(International Peace Information Service)

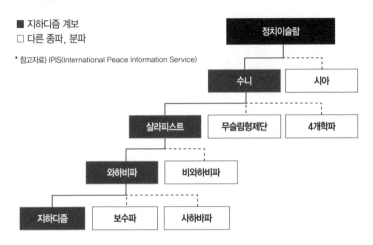

의 하나로 보는 시각도 있다. 그렇지만 이러한 투쟁은 필연적으로 폭력을 수반해 사태를 더욱 악화시킨 경우가 대부분이다.

자하드 세력으로서 세계에 널리 알려진 알카에다는 '먼 적'으로 규정한 미국과 서구세계를 타도 대상으로 삼아 폭력 사용을 정당화했다. 9.11테러도 이러한 연장선에 있다. 이와 비슷하게 IS는 자신의 뜻이나 이상 추구에 맞지 않은 '타인(남)'을 배교자라 낙인찍고 만행을 일삼았다. 타도 대상은 서구뿐 아니라 기독교도, 이슬람 시아파, 타종교인, 심지어 수니파 주민 등 더 광범위해졌다.

IS는 세속주의 정권, 그 정권을 지지하는 미국 등 서구 모두를 적으로 규정했다. IS는 2015년 9월 〈다비크〉를 통해 한국과 미국, 영국, 프랑스 등 62개 국가와 국제기구를 '십자군 동맹군'으로 지목했다. 이러한 극단적 태도에는 자신을 인정하지 않는 남을 적으로 규정해 내부 결집을 꾀하려는 의도가 숨어 있다. 이라크와 시리아의 기존 시아파 정권이 수니파 주민을 차별하고 억압한 것에 대한 보복 심리도 깔려 있다.

IS를 포함한 급진 이슬람주의 세력이 폭력 노선을 추구하는 것은 이슬람의 정신과도 맞지 않는다고 이슬람학자들은 말한다. 이슬람식 중용인 '와사트' 정신을 왜곡했거나 아예 잃어버렸기 때문이라는 게 그 이유다. 와사트의 의미를 되새겨봤을 때 IS의 폭력적 성향은 이슬람의 사상과 동떨어졌다는 게 이슬람학자들의 주요 논지다. 와사트는 한국식으로 치면 '중용'에 가까운데 사전식 의미는 '중간'이다. 이슬람권에서는 주로 '숙명과 자유 의지 사이의 균형'으로 해석한다. 종교의 교리를 숙명이나 운명에 기대어 극단적으로 해석하는 경향을 경계하자는 의미가 있다. 또 인간의 자유 의지만을 강조해 독단적으로 편협하게 해석하는 것도 문제가 될 수 있다는 경계의 목소리도 담겨 있다. 한편으로는 와사트의 관용적 개념이 극단주의 사상을 낳았다는 분석도 있다. 이슬람이 상대적으로 교리 해석의 스펙트럼이 매우 포괄적이고 다양하다는 것을 담고는 있지만 그 다양성과 애매성 때문에 극단적인 이슬람 율법 해석을 낳을 소지도 있다는 것이다.

IS가 폭력 사용을 정당화하는 주된 근거는 '불신자' 처단이다. 쿠란을 보면 분명 '불신자(Kufur)'라는 표현이 나온다. 하지만 문맥에 따라 이 불신자는 여러 의미로 해석된다. IS는 쿠란에 불신자를 엄벌하고 죽일 수 있다는 구절 그대로의 해석을 바탕으로 기독교도나 시아파계 정부 군인, 외국인 인질 등의 살해를 정당화한다.

그러나 쿠란의 다른 구절에는 '종교에는 강요가 없다'라는 내용도 상존한다. 즉 신앙은 강요돼서는 안 되고 강요할 필요도 없다는 게 일반 이슬람 학자의 견해다. 이처럼 한 가지 주제를 두고 문맥에 따라 다른 해석이 나올 수 있다. 쿠란과 하디스에는 함축적이고 상징적인 표현이 많은데 이를 어떻게 해석하고 받아들이느냐에 따라 교리의 주요 내용이나 전달하고자 하는 핵심 주제가 달라질 수 있다. 따라서 이슬람 해석에 관한 폭넓은 스펙트럼이 부정되고 와사트와 같은 중용 개념이 등한시될 때 급진 이슬람주의자가 이슬람을 이용할 수 있는 폭은 더 넓어진다.

IS가 주장하는 폭력 사용의 정당성은 이슬람의 참된 교리에도 어긋나고 시대착오적이라는 게 대다수 이슬람 학자의 시각이다. 종교는 세상에 가르침이나 깨우침을 주어 불행한 사람들에게 희망과 긍정적 신념을 일깨워 삶을 윤택하게 하는 순기능의 역할을 해야 하는데 폭력 행위와 폭력 사용 촉구는 이에 정면으로 반한다는 것이다. 따라서 삶의 깨달음은 평화로운 방식을 따라야 한다는 게 이슬람 학자들의 조언이다. 이슬람적 수사나 상징을 악용하고 권력과 영토를 차지하기 위해 폭력을 사용하는 것은 더 큰 폭력 앞에서 실패로 귀결될 가능성이 크다.

IS 폭력에 집단 항의한
이슬람 학자들의 공개 서한

전 세계 이슬람 학자 126명이 이례적으로 IS 지도자인 알바그다디와 그 추종자에게 '공개서한'을 작성해 보낸 적이 있다. 공개서한에 서명한 이슬람 학자는 일반 무슬림을 대변한다고 봐도 큰 무리는 없다.

24개 항목으로 구성된 이 편지는 IS 내부 문제점을 종교적 관점에서 지적한다. IS의 폭력성은 결국 종교의 편파적인 해석에서 기인한다는 게 이 편지의 골자다. 쿠란이나 하디스 등을 해석할 때 현 시대와 맥락을 고려하지 않는 오류를 범했다는 지적도 있다. 이런 오류들은 '나', '남'을 구별하게 하고 같은 뜻을 지닌 집단 즉 파벌을 조성한다. 각 파벌의 구성원은 그 조직의 으뜸이 되고자 무력을 사용하게 된다는 게 이슬람학자들의 분석이다. 이 편지 내용을 요약해 재구성하면 아래와 같다.

이브라힘 아와드 알바드리 박사께,

(별칭 아부 바크르 알바그다디)

종교적으로 '법을 해석'할 때는 조심해야 합니다. 충분히 검토해야 합니다. 쿠란이나 하디스의 가르침을 종합적으로 이해하지 못한다면 어떤 교리도 통치 수단으로 사용해서는 안 됩니다. 아시다시피 이슬람에서 금지하는 것들입니다. 고대 언어 등 아랍어를 언어학적으로 충분히 이해한 뒤에야 종교문서 등을 해석할 수 있습니다.

샤리아(이슬람 율법)를 단순화해 자의적으로 해석하는 행위도 금지돼야 합니다. 이슬람 과학도 무시해서는 안 됩니다. 무엇보다 글의 내용을 해석할 때는 시대의 맥락을 고려해 해석해야 합니다. 그렇지 않으면 종교로 인한 폐단이 발생합니다.

무고한 사람을 살해하는 행위, 기자와 국제구호단체 등의 특사로 분류되는 사람들을 해하는 행위도 금지돼 있다는 것을 아시지 않습니까? (논란의 여지는 있겠지만) 통상 이슬람에서 지하드는 방어의 수단이라고 이해하는 것이 올바른 것이 아닌가요? 다른 사람을 '불신자'라고 선언하는 것도 부당하다고 배우지 않았습니까? 무언가를 선언하는 것은 신의 영역이지 인간의 영역이 아니라는 점은 알바드리 박사도 잘 아시리라 생각합니다.

박해도 당장 중단해야 합니다. 기독교인은 성서 속의 인물입니다. 해를 끼쳐서는 안 됩니다. 야지디족 등 소수 민족들 역시 성서 속의 민족임을 인지하십시오. 현재 성서 속의 인물이 아니라는 이유로 박해와 폭력을 당하는 사람들은 그런 취급을 받을 사람들이 아닙니다. 노예제도도 폐지된 지 오래됐습니다. 과거와 현재의 맥락이 다르다는 것을 꼭 인지하셔야 합니다.

모두에게는 종교의 자유가 있다는 것을 아실 것입니다. 여성과 아이들도 보호받아야 하는 것도 아실 것입니다. 인간에 대한 고문은 당장 중단해야 합니다. 남의 무덤이나 종교 시설 등을 파괴하는 행위도 이슬람이 아닙니다. 폭력을 행사하는 것 자체를 중단해야 합니다.

칼리프 국가를 선언하려면 모든 무슬림의 동의가 있어야 합니다.

우리는 동의한 적이 없습니다. 우리가 살고 있는 이 땅의 체제에 수 긍하며 사는 것 역시 우리 무슬림이 해야 하는 일입니다. 따로 국가 를 만들 이유는 없습니다.

마지막으로 예언자 무함마드 사후 이슬람에서는 이주를 요구하지 않습니다. 혹세무민하는 일을 당장 그만두기를 촉구합니다.

이슬람 포비아, 끝이 없는 무언의 폭력

세계를 여행하다 소매치기나 성희롱을 겪는 일은 누구 나 겪고 싶지 않은 일이다. 우연히 만난 현지 호객꾼에게 호되게 사기당한 경험은 여행의 즐거움을 단번에 반감시킨다. 여행 도 중 친절한 사람을 만나 도움과 호의에 고마운 감정도 늘지만 이 내 앞서 경험한 강력한 부정적 이미지는 이를 압도한다. 멋진 장 관이 눈앞에 펼쳐진 순간 감탄해도 좋지 않은 이미지가 머릿속에 각인된 여행지와 그 여행국가 사람들을 어느 때부터인가 혐오하 고 있는 자신을 발견한다. 그 여행지와 일부 호객꾼이 그 나라의 전부를 대표하지 않는데도 말이다. 자신도 모르게 일반화의 오류 에 빠지게 된 것이다.

흔히 이슬람 혐오증 또는 이슬람 공포증으로 불리는 '이슬람 포비아' 현상도 이런 일반화의 오류 가운데 하나로 볼 수 있다. 이 현상은 '문명의 충돌'이라는 기본 전제에서 출발한다. 예컨대 IS와 알카에다의 각종 테러 행위를 기독교와 이슬람 문명의 차이에 따른 폭력적 행위로 규정하는 식이다. 서로 다른 문명을 이해하려 하지 않고 문명의 발달 정도를 비교해 상대를 압도하거나 비판하려는 것이다. '문명의 충돌' 이론이 개입하면 이슬람 과격 무장단체가 생긴 역사적 배경과 그 저변에 깔린 사회적, 정치적 문제들은 쉽게 무시된다. 이슬람 과격 단체로부터 피해를 받는 평범한 무슬림의 삶까지도 외면하게 된다.

이슬람 단체의 폭력적 면만 계속해서 부각되면 이슬람 사회의 전체적인 모습을 보지 못하는 오류를 낳게 한다. 기독교 문명의 우위를 주장하는 이들의 시각이 퍼질 경우 이슬람권 전체가 '테러의 이미지'로 얼룩질 수도 있다. 이후에는 아랍권 국가에 산다는 이유로, 특정 종교를 갖고 있다는 이유로 무차별적 차별과 혐오가 시작된다. 아랍권에는 무슬림뿐만 아니라 기독교도도 있고 토속 신앙을 믿는 부족도 있는데 지리적인 이유로 한통속으로 비판받게 될 수 있는 우려가 지금도 나온다.

IS는 이미 한국의 평범한 시민에게조차 '테러 괴물'의 이미지를 심어줬다. IS가 그동안 우리의 뇌리 속에 남긴 것은 참수, 파괴, 테러 등의 부정적 인식과 공포감이다. 이런 공포는 후에 무슬림은 물론 아랍권 또는 중동 국가를 무조건 혐오의 대상으로 취급할 소지를 낳게 할 수 있다. 당장은 아니더라도 IS의 부정적 이미지가 계속 확산하면 한국에도 이슬람 포비아 현상이 일어날 가능성은 점점 커진다. 현재 IS 관련 기사에 달린 네티즌의 댓글을 보면 온라인상에서 이슬람 포비아 현상이 이미 만연돼 있음을 쉽게 알 수 있다.

영국의 더럼대학 국제관계학 교수 제임스 피스카토리James Piscatori는 미얀마, 방글라데시, 중국 등 일부 아시아 국가에서는 체계적인 이슬람 포비아 현상이 있다고 지적했다. 실제 지구상에서 가장 핍박받는 민족으로 일컬어지는 미얀마의 로힝야족 무슬림은 방글라데시에서 시민권을 획득하기가 불가능하다. 불법체류자로 낙인찍히고 난민으로 인정받기도 어렵다.

이러한 상황에서 이슬람 포비아와 같은 일방적 혐오감으로는 문제의 본질을 제대로 파악하기 어렵다. 추방과 차별, 왕따 등과 같은 과격한 대응이 그 대안으로 제시된다. 이런 과격한 대응은 폭력과 인종 차별로 이어질 여지가 크다. 무조건적인 공포와 혐오는 장기적으로 아랍권 문화, 아랍국가들과의 관계를 소원하게 만들 수 있다.

영원한 혁명의 길

IS의 미래

IS의 미래는 부정적이다. 내부적 한계에 직면할 가능성이 클 뿐만 아니라 주변국을 포함한 국제사회의 여론도 IS에 등을 돌렸다. 특히 IS가 활개를 치는 이라크와 시리아 현 정권이 당장 붕괴할 가능성도 없다. 이는 이라크와 시리아 정부군이 IS를 격퇴하기 위한 군사 작전을 계속 수행할 수 있음을 의미한다. 따라서 IS로서는 기존 점령지에서 더 이상의 영토 확장은 실현하기 어려운 목표다.

그렇다고 해서 국제사회가 손 놓고 방관할 수만은 없다. IS 사태가 인류의 보편적, 인권적 문제로 확산됐기 때문이다. 바로 시리아와 이라크는 물론 리비아와 예멘 등 IS 연계 세력이 활동하는 국가에서 탈출해 다른 나라로 이주하려고 안간힘을 쓰는 난민 문제가 그렇다. 특히 시리아 출신의 많은 난민이 작은 보트 한 척에 목숨을 걸고 지중해를 건너거나 터키를 경유해 유럽행을 시도하면서 IS 문제는 중동만의 문제를 넘어섰다. 2015년 들어 유럽 밀입국을 시도하려다 지중해에서 목숨을 잃은 난민만 수천 명에 달한다. 유럽행 도중 난민들은 폭력과 기근, 성폭행 등의 위협에 노출돼 있다. IS 사태 확산에 따른 난민 문제는 보편적 인류 가치의 중대 과제이기도 하다. 국제사회는 IS에 대한 세계의 비판적 여론이 확산된다면 나중에 더 적극적으로 IS 격퇴에 나설 가능성도 있다.

영토 확장에 대한 한계

IS는 영토 확장과 국가 건립 수립에 태생적 한계를 갖고 있다. 영토 확장은커녕 실질적인 국가를 만들지 못할 가능성이 그만큼 크다. 현재 IS는 이라크 시리아의 국경을 중심으로 수니파 점령지만 확보한 상태다. IS가 적으로 간주하는 시아파 거주지를 물리적으로 장악해 영토를 확장할 가능성은 '0'에 가깝다. 강력한 군사력을 보유한 이라크 북부의 쿠르드족 자치령으로 진격하기도 어렵다. 설령 IS가 시아파 지역이나 쿠르드족 거점을 장악한다 해도 장기간 통치하기는 불가능하다. IS의 '공포 통치' 기간이 길어지면 내부적으로는 IS 구성원의 불협화음과 권력 다툼이 일어날 공산이 크다. 중동의 역사를 살펴봐도 이슬람 극단주의 세력이 국가 건립의 꿈을 실현시킨 적도 없었다.

　IS는 단일 부족 또는 종파로 구성된 조직체가 아니다. IS를 움직이는 지휘부는 현 최고지도자 알바그다디의 사망 이후 후계 구도 싸움이 번질 수밖에 없는 구조다. 처음부터 절대 권력을 가진 알바그다디가 스스로 또는 무력으로 물러나거나 제거된다 해도 그만큼의 권력자가 나오기는 어렵다. 결국 내부 권력 다툼이 생길 수밖에 없다. IS의 기반을 이루는 대원들은 각 지역의 군인과 민병대 출신은 물론 각계각층의 인물로 구성돼 있다. 중동뿐만 아니라 유럽, 아시아, 미주 출신 등도 있다. 서로의 문화와 자란 환경이 다르다. 이 점은 IS의 기존 지휘부가 흔들릴 경우 곧바로 내부 실세들이 권력 욕심을 내거나 이탈자로 바뀔 수 있는 토대가 된다.

　실제 IS에 가담했다가 실체를 깨닫고 이탈하는 경우가 속출하고 있다. 이탈자들은 한결같이 언론 인터뷰에서 "IS에 속았다", "IS의 선전에 넘어갔다"며 후회하는 모습을 보였다. 독일 언론은 IS에 합류했다가 탈출한 독일인이 260여 명에 달한다고 2015년 7월 보도했다. IS의 보복을 우려해 탈출 뒤 숨어지내는 경우까지 합하면 IS 이탈자 수는 언론 보도보다 훨씬 더 많을 것으로 추정된다.

　IS로선 영토 확장이 우선 과제지만 벌써부터 영토 유지에 어려움을 겪고 있다. 일단 IS가 시리아와 이라크 내 대규모 전투에서 승리를 거뒀다는 소식이 2015년 하반기에는 좀처럼 들리지 않는다. 게다가 IS 점령지는 모두 시아파가 아닌 수니파 주민이 사는 곳이다. 같은 종파로 주민의 지지를 얻기는 쉬울 수 있어도 시아파의 경우 지지는커녕 강력한 저항에 직면할 수 있다. 다시 말해 IS가 시아파 영역으로 세력을 확장하기는 요원하다.

IS가 점령을 원하는 이라크 바그다드와 시리아 다마스쿠스 상황도 마찬가지다. 이들 국가의 수도에는 시아파 주민이 많이 살고 있다. IS의 수도 점령은 곧 기존 정권의 전복을 의미한다. 내전 상황에서 정권 전복의 전제 조건은 군사력의 절대적 우위다. 그러나 IS의 전력은 그 정도까지는 아닌 것으로 분석된다.

또 국제사회가 이라크 정부가 IS에 붕괴되는 것을 가만히 구경하지 않는 한 정권이 교체되기도 어렵다. 그 나라의 상징인 수도 함락은 두 시아파 정권을 지지하는 이란의 군사적 개입도 촉발할 수 있다. 그만큼 IS의 영토 확장은 불가능에 가까운 목표일 수밖에 없다. IS가 이라크와 시리아에 붙어 있는 터키 동남부와 쿠르드족 자치 지역을 점령할 수 있을 정도의 군사력은 보유하지 못한 것으로 보인다.

IS가 점령지에 계속 생존하는 데 있어 매우 중요한 또 다른 요소는 그 지역 주민의 충성도다. IS가 재정 문제를 겪게 되면서 세금을 늘리거나 약탈을 일삼게 될 경우 주민들의 이탈과 반발은 불 보듯 뻔하다. IS는 주민 이탈이 지속하면 재정 확보를 위해 약탈과 세금 강제의 수단에 더 의존할 밖에 없다. '공포와 억압' 통치에 주민의 반발이 더 커지는 악순환이 반복되는 것이다. IS는 지금도 배척과 공포 정치로 점령지를 통치하고 있다. 그 주된 이유는 IS 스스로 남을 적으로 여기는 '불신의 급진사상'이 자리 잡고 있어서다. IS는 자신을 지지하지 않는 모든 사람을 불신자로 몰아붙이며 충성을 강요하거나 그들을 적대적, 대립하는 존재로 인식한다. 통합과 화합의 정치가 아닌 불신과 공포의 정치로는 끝내 공식 국가를 수립할 수 없다는 역사적 사실은 IS 사태에도 반복될 가능성이 크다.

중동사를 봐도 이슬람 급진주의 무장 세력이 국가를 세우려다 실패한 사례도 여러 차례 있다. '이탈자'를 뜻하는 이슬람의 한 종파인 하지리파Kharijite(이슬람교 일파의 신도)는 800년대 중반 국가 건립을 시도한 극단주의 단체다. 그러나 과격한 사상으로 목표를 달성하지 못한 채 소멸했다. 국제테러조직으로 한때 명성을 날리던 알카에다 역시 주 무대인 아프가니스탄, 파키스탄은 물론 막강한 지부를 둔 소말리아, 예멘에서도 국가를 건립하지 못했다.

폭력 노선을 추종하다 이를 포기한 이집트의 저명한 지하디스트 출신인 나게 이브라힘Nageh Ibrahim은 이슬람 역사에서 타크피르 사상을 보유한 어떠한 조직도 국가 건립에 성공하지 못했다고 단언했다. 앞으로도 그런 조직이 국가를 설립하는 일도 없을 것이라고 결론을 내렸다.

칼리프제 수립은 '실현 불가능한 환상'

이슬람 율법에는 칼리프 존재의 필요성이 거론돼 있다. 그러나 이슬람 율법 학자들은 칼리프가 필요하다는 이상적 추구에는 공감해도 정식 국가를 수립하지도 않은 IS의 지도자 알바그다디 한 개인이 '칼리프 국가'를 선포한 것에는 동의하지 않는다.

이슬람 학자의 반발을 무릅쓴 IS의 칼리프 국가 수립은 크게 세 단계로 나뉘어져 있다. IS 선전지 〈다비크〉에 따르면 1단계의 단기 목표는 정파 간 전쟁을 유도해 시아파를 몰아내고 수니파 무슬림을 IS에 끌어들이는 것이다. 2단계는 이라크와 시리아 사이의 영토를 점령해 국가의 틀을 확립하고 나서 사우디아라비아와 요르단까지 영토를 확대한다는 내용이다. 3단계 장기적인 목표로 전 세계의 이슬람 국가를 지배하는 것이다.

그러나 알바그다디가 공언한 '칼리프 국가'는 실현 가능한 목표인지에 대해 이슬람권조차 매우 회의적인 반응을 내놓는다. 중동 정치 전문가들은 한결같이 알바그다디의 공언이 '허언' 또는 '환상'으로 끝날 것이라고 내다봤다. 오늘날 정치적, 경제적, 문화적으로 복잡하게 얽혀 있는 현실 세계가 공포 정치를 통해 이상적인 종교 국가로 바뀔 수 없기 때문이다. 중동 역사를 돌아봐도 그리고 현실적인 측면을 고려해 봐도 IS의 이념에 맞는 이상적 국가는 더욱더 탄생할 수 없는 구조다.

이집트 전략연구소 알아흐람센터의 아흐메드 칸딜 박사는 이러한 견해에 수긍하는 학자 중 한 명이다. 카이로 도심의 사무실에서 그를 직접 만나 의견을 구했더니 돌아온 대답은 명료했다. 칸딜 박사는 IS가 정식 국가를 건립하지도 못한 채 사라질 것이라고 말했다. 그는 이슬람을 매우 편협된 시각으로 왜곡 해석한 극단주의 무장단체로 IS를 정의했다. '거품(버블)'이라는 표현도 쓰면서 IS가 '테러리스트 단체'로 불리는 것에도 동의한다고 했다. 칸딜 박사는 IS가 오래 존속하지 못할 것으로 예상하면서도 IS가 일종의 자체 시스템을 갖췄기 때문에 당장 소멸되지는 않을 것으로 전망했다.

이집트의 또 다른 정치전문가이자 언론인인 아흐메드 샤즐리도 매우 비슷한 견해를 내놨다. 샤즐리는 시리아 내 복잡한 내부 권력 다툼과 민심의 변화로 IS가 계속 존속하기 어렵다고 결론 내렸다. 특히 그는 IS의 활동 무대가 된 이라크와 시리아의 복잡한 역학 관계에 주목했다. 이라크의 집권 시아파와 IS를 포함해 반정부 성향의 민병대를 지지하는 수니파 주민의 갈등이 그것이다. 시리아에서는 이슬람 국가 건립이 최우선 목표인 IS와 시리아 정부 타도를 목표로 삼은 누스라 전선 등 여러 무장단체가 복잡하게 얽혀 있다. 이런 역학 구도가 IS의 칼리프 국가 수립 목표 달성을 어렵게 만든다는 것이다.

실제 시리아에서는 IS와 누스라 전선, 시리아 정부군 등 3파전 양상이 굳어졌다. 이슬람 온건 성향의 시리아 반군 조직인 자유시리아군(FSA)은 내전 초기엔 주목을 많이 받았지만 지금은 예전만큼의 존재감을 보여주지 못하고 있다. 2015년 들어 FSA의 활동 자체가 언론에 전혀 소개되지 않고 있다. 최근에는 FSA 사령관이 사망했다는 보도도 나왔다. 샤즐리 편집장은 "IS가 준 국가의 모습을 보이는 듯해도 결국 주민의 민심을 얻지 못해 국가 건립의 꿈을 이루지 못할 것"으로 분석했다. 다만 샤즐리는 IS 내부

중동정치 전문가 인터뷰(2015, 이집트)

	아흐메드 칸딜	아흐메드 샤즐리
소속 기관	이집트 알아흐람 센터 정치전략 연구소 연구원	이집트움마 프레스 편집장
IS의 성격 정의	극단주의 과격 이슬람 단체	사상에 기반을 둔 과격 무장 단체
IS 목표 달성 여부	불가능	불가능
IS 지속 예측 기간	3-5년, 변수가 존재	5-10년, 완전 소멸 불가
주요 해결 방안	국제사회의 관심, 아랍정부들의 개혁 의지	IS에 대한 반대 홍보 강화, 종교 교육
아시아 위협 여부	간접 영향 있음	직접 영향 없음

자체의 문제, 이라크와 시리아 정권을 포함한 주변 환경이 어떻게 또 얼마나 빨리 변하느냐에 따라 IS의 존폐 시기가 달라질 수 있다고 말했다.

중동의 역사를 돌이켜보면 IS의 칼리프 국가 건설은 비현실적 목표에 가깝다. 이슬람 역사에서 이슬람교도 전체를 다스린 지도자로서의 칼리프가 존재한 시기는 이슬람 제국시기인 압바스 왕조(750~1258년) 때까지다. 과거 이슬람 황금기 때처럼 절대적 권한을 지닌 칼리프는 이후에 나오지 않았다. 20세기 초까지 존재

무스타파 사이드	마르코 핀파리	파와즈 게르게스
카이로대 정치학과 교수	카이로아메리칸대학 정치학과 교수	런던정경대학 중동연구센터 소장
영토점령의 과격 단체	칼리프 국가 수립을 원하는 무장단체	극단주의 무장 조직, 사회 운동
불가능	불가능	불가능
예측 어려움, 각 정부 기능에 따라 다름	2-5년, 완전 소멸 불가	예측불가. 중동 정세 안정시 시간, 비용 문제
대화와 협상, 교육 강화	군사 대응 필요	사회적 분위기 전환 유도
아시아 일부 무슬림 국가	세계 모든 나라가 대상	직접 영향 없음

한 오스만제국의 왕을 일컫는 술탄을 비롯해 명목상 칼리프라 불린 지도자들이 있었지만 형식적 호칭일 뿐 칼리프의 권위는 허울에 가까웠다. 예언자 무함마드의 혈통을 이어받지도 않았고 오스만제국이 전 세계의 이슬람교도 모두를 통치하지도 못했다. 이슬람 종교를 믿는다 해도 언어와 종족, 문화가 서로 다른 현대 시대에서는 한 명의 칼리프가 모든 이슬람권 국가를 통치하기는 불가능하다.

사실 IS 지도자인 알바그다디가 이상적 시기로 내세운 1~4대의 정통 칼리프 시대는 평화로운 시기도 아니었다. 그때도 내란이 끊이지 않았다. 제4대 칼리프 때는 이슬람 종파 갈등의 배경이 되는 시아파가 탄생했다. 시아파는 제4대 칼리프인 이븐 아비 탈리브Ibn Abi Talib의 혈통을 이어받은 자만을 정통성을 갖춘 지도자로 인정했다. 시아파의 분열은 나중에 이슬람 종파 갈등의 근본적인 씨앗이 된다.

이슬람권에서 칼리프는 이상적이고 평화로운 이슬람 공동체 즉 움마의 지도자를 일컫는다. 그러나 현재 극도의 혼란기를 겪는 이라크와 시리아 국가가 갑자기 IS의 개념에 부합하는 움마로 바뀔 수는 없는 노릇이다. 그만큼 중동국가의 무슬림이 전반적으로 IS를 '칼리프 국가'로 인정할 리도 없다. IS 점령지에 있는 주민들도 이상적인 종교 국가보다 삶의 질과 경제 상황에 주목하며 현실적인 문제에 더 집중할 가능성이 크다.

칼리프 국가 건립 선포는 IS가 환상에 기댄 시대착오적 행동이라고 볼 수 있다. 설령 IS가 미래에 '완성된 칼리프 국가 건설에 성공했다'고 선언해도 이는 국제사회는 물론 아랍세계에서도 선전전의 하나로 받아들일 것이다. 그 선언을 듣는 이슬람교도가 내전 상황에 처한 이라크와 시리아로 달려가 IS에 합류하는 일은 발생하지 않을 것이다. 더욱이 이슬람권 국가들이 알바그다디에 충성을 맹세하고 IS에 자발적으로 통합되거나 IS의 지부를 자처하는 일은 결코 일어나지 않을 것이다.

소멸론과
두 가지 시나리오

 IS는 배타적인 타크피르 사상에 입각해 공포 정치를 펼쳐 왔다. 단기적으로는 효과가 있을지 모르지만 장기적으로는 자발적 지지를 끌어모으기보다 스스로의 입지를 약화할 소지를 낳을 것이다. IS 소멸론이 설득력이 있는 이유다. IS는 현재 자신들의 이념과 행동 강령에 반대하는 자는 수니파라 해도 배교자로 선언하고 철저히 응징하고 있다. 이슬람 율법과 사상을 IS에 유리하게만 자의적으로 해석해 자신들에게 반대하는 자라면 누구라도 적으로 간주한다. 이런 통치 방식은 주민을 공포로 몰아갈 수 있다. 적정 수준의 공포는 주민 통제에 단기적으로는 유리할 수도 있다.

 그러나 IS가 유화 정책을 아예 포기한 채 지나친 공포 정치만을 펼칠 경우 주민들의 대규모 이탈을 초래할 수 있다. 현재 유럽과 전세계가 걱정하는 시리아 난민 사태가 그 증거일 수 있다. 주민 이탈이 가속화하면 IS는 탄압 강도를 더해 악순환의 함정에 빠지게 된다. 결국 주민 이탈을 통제하지 못하게 되면 IS는 지지 기반을 잃을 수 있다. 주민과 지지 세력 없는 IS는 홀로서기에 나서야 하는데 국민도 없는 상황에선 칼리프 국가 건립은 말 그대로 물 건너가는 셈이다.

 극단주의 사상의 허점도 IS의 소멸론을 뒷받침하는 한 요인이다. IS의 기본 사상은 통합과 화합을 추구하지 않는다. IS는 이라크, 시리아 정권에 맞선 자신들만이 유일한 대안이라고 주장하며 스스로 고립을 초래했다. 자신만이 옳다는 절대적인 신념은 그들을 또 다른 권위주의 체제로 이끌 수 있다. 이러한 체제는 신정을 가장한 독재 정권으로 이어질 수 있다. 이렇게 되면 IS가 애초 이라크 정부를 공격한 주된 이유 중 하나인 정권 '부패'가 오히려 IS 내부에서 싹틀 수 있다. IS 내부의 부패는 점령지 내에 사회적, 정치적 부패를 가속화해 결국 자연스럽게 멸망의 길로 이끌 수밖에 없다.

사실 IS는 이라크와 시리아 중앙정부의 부패와 무능으로 주민들이 절망에 빠졌을 때 '희망', '유토피아', '황금 이슬람 시대로의 복귀' 등의 구호로 환심을 샀다. 장밋빛 미래를 제시하며 환상을 심어준 것이다. 이런 전략은 IS의 활동 초반에 어느 정도 성과를 거뒀다. 그러나 이러한 청사진이 '허황된 꿈'이라는 것을 주민이 깨닫게 된다면 상황은 급변할 수 있다. IS는 자신의 헛된 공약이 나중에는 부메랑이 돼 타격을 받을 수 있다.

IS가 소멸한다면 그 다음에 어떤 일이 벌어질지도 주요 관심사다. 우선 두 가지를 가정할 수 있다. 2003년 미국의 이라크 침공 이후 중동에서 이슬람 무장단체의 흥망성쇠가 반복한 점을 상기해보자. '역사는 되풀이 된다'는 가정에 비추어 예측 가능한 시나리오는 '더 과격한 IS'와 '더 온건한 IS'이다. 물론 'IS'란 이름을 더는 쓰지 않는 다른 유형의 이슬람 무장단체가 생겨날 수도 있다. 삶과 정치(종교와 정치)가 일치된 이슬람 문화, 사회적 특성상 IS를 대체할 새로운 종교 조직이 나타날 가능성도 존재한다. 과격이나 온건이냐의 문제는 이라크와 시리아의 정치적 상황, 아랍권 국가들의 권력 구도, 국제사회의 합의와 의지 등에 따라 달려 있을 것이다.

IS 점령지 내 주민의 기대를 충족시켜줄 만한 능력 있는 새 정부의 등장은 앞으로 IS의 입지를 좁게 만들 것이다. 이는 IS가 나중에 온건한 세력으로 변모시킬 긍정적인 신호로 작용할 수도 있다. 새 정부가 기존 정치권과 다르게 시아, 수니를 차별 없이 공정하게 대우하려는 노력이 필요한 이유다. 새 정부는 또한 안보, 방위 등에서 능력을 보여 국민이 안정감을 느낄 수 있게 하면서 신규 무장 대안세력의 등장을 사전에 차단할 수 있다. 그렇게 된다면 이라크와 시리아에 남아 있는 이슬람주의 세력(무장 이슬람 세력 또는 정치이슬람 세력)은 존재의 의미가 더욱 희박해진다.

그러나 IS 점령지 내 수니파 주민의 절망이 더 깊어지고 희망이 없다면 더 큰일이 벌어질 수도 있다. 지금보다 더한 극단주의 조직이 생겨난다고 가정할 수 있기 때문이다. 그렇게 되면 이라크와 시리아 내 분쟁의 소용돌이는 또다시 한치 앞도 내다보기 어려울 수 있다.

IS가 미래에도 명맥을 유지할 가능성도 있다. IS가 공포 정치를 포기하고 화합과 통합, 복지 향상을 위한 정책을 펼쳐 주민의 지지를 이끌어낸다는 가정하에서다. 이 경우 이라크, 시리아, 쿠르드를 비롯해 IS 등 최소 4개국 분할 가능성을 생각해 볼 수 있다. IS가 이라크, 시리아 정부의 영향력에서 완전히 벗어나 양국에 국경이 걸쳐 있는 새로운 수니파 국가를 건설할 수 있는 유일한 길인 셈이다. '4개 국가설'이 실현되려면 알바그다디를 포함한

IS 지도부는 공포 정치를 포기하고 주민 동화 정책을 펴야 할 것이다. 다른 주변국과 경쟁하면서 주민의 지지를 확보해야 할 처지에 놓이기 때문이다.

그러나 이는 실현 가능성이 매우 낮다. 지금까지의 만행만으로도 유엔 등 국제사회가 IS 주도의 독립국가 수립을 지지할 리 없다. 또 지금의 IS의 사상적 기반은 극단주의적 폭력 노선인데 이 노선을 포기할 경우 심각한 내분과 급격한 조직 와해가 예상된다. IS는 그 즉시 이라크 정부군이나 다른 단체에 의해 또는 내부 권력 다툼으로 붕괴의 길을 걸을 수 있다.

현재로서 IS의 존립 여부는 내부 분열과 주민 동요라는 잠재적 불안 요소에 어떻게 대응하느냐에 달려 있다. 그러나 IS로서는 선택의 여지가 많지 않다. IS의 미래가 워낙 불투명해 더 극단적인 폭력, 공포 정치로 점령지 통치 체제를 강화하는 게 유일한 선택일 수 있다. 현재 아랍권뿐 아니라 국제사회에서는 IS의 잔인성과 배타성으로 반IS 연대 움직임도 커지고 있다.

IS가 자체적으로 언제까지 충분한 자금을 확보할 수 있을지도 불투명하다. 서구 봉쇄 조치로 IS가 미래에 군사력 유지와 대원 충원에서도 문제를 겪을 수 있다는 의미다. IS를 더욱 극단적으로 갈 수밖에 없는 이러한 요인들이 IS의 소멸론에 더욱 힘을 싣게 한다.

아랍권과 국제사회의
대응 전략과 해법

　　IS의 참수와 테러는 그들의 전술일 뿐이지 적 그 자체
는 아니다. IS의 전술과 전략에만 초점을 맞춰 IS와 전쟁을 벌이
는 것은 실익도 없는 무모한 전쟁일 수 있다. IS의 전략에 이용당
하고 더 큰 폭력을 야기할 수 있기 때문이다. 적이 사용하는 도구
와 선전 방식 등 그 주변 배경을 이해하지 못한다면 오히려 IS의
선전전에 이용돼 그 조직을 돕는 꼴이 된다. IS의 존재를 인정하
고 그 실체, 그 전략의 허점을 제대로 알아야지만 그 적을 제대로
상대할 수 있다. 서구의 보수적 학자이자 테러리즘 전문가인 로
버트 스펜서의 이 같은 조언이 맞는다면 국제사회는 IS의 선전전
이 아닌 그들의 실체에 맞춰 대응책을 마련해야 한다.

　IS는 그 어느 세력보다 진화한 이슬람주의 무장 단체다. 이러
한 이슬람 과격, 급진주의 단체는 군사력만으로 제지할 수 없다
는 이유는 분명하다. 사상이 무기보다 강해서다. 따라서 IS에 대
응할 때 군사력만을 앞세우는 방법이 능사가 아니라는 게 이 책
을 쓰는 우리 둘의 시각이다. 그렇다면 IS가 자동으로 소멸할 때
까지 기다려야만 하는 게 답일까? 그렇지는 않다. 아랍권과 국제
사회도 비폭력적 접근 방식인 대화와 합의로 IS 사태 해결에 노
력한다면 이 혼돈의 시기를 단축시킬 수는 있다.

　물론 아랍권과 국제사회의 IS 대응 방식은 상호 협조적이면서
도 서로 달라야 한다. 각자의 문화가 다르고 그 문화와 삶을 이해
하는 방식이 다르기 때문이다. 이슬람권 사회가 주류인 아랍 국

가들은 더는 극단주의 세력이 자리를 잡지 못하도록 종교 개혁과 교육에 초점을 맞춰야 한다. 또 현재 혼란기를 겪는 아랍권 국가들은 스스로 정치 안정화와 경제 발전의 기틀을 다져야 한다. 이슬람 극단주의 세력이 좋아하는 환경이 조성되지 않도록 하는 것이다. 국제사회는 내전과 분쟁 속에 고달픈 삶에 허덕이는 이라크와 시리아 주민에게 인도주의적 지원으로 자립의 길을 걸을 수 있도록 도움을 줘야 한다.

이슬람권 국가들은 IS가 종교 이슬람을 정치적으로 이용한다는 점을 이미 잘 알고 있다. 이슬람권에서조차 IS 대원들이 진정한 무슬림이 아닌 '급진 무장대원', '테러리스트'라는 의견이 나오는 것도 이러한 이유 때문이다. 이슬람 사회의 특징은 종교와 정치, 개인의 삶이 완전하게 분리되지 않는다는 점이다. 이러한 특징을 고려할 때 군사력을 제외한 가능한 IS 사태 해법은 종교 개혁이다. 자신의 종파, 교리, 해석만이 옳다는 종교적 우월성을 넘어 다른 종교와 다른 종파의 존재와 가치를 인정하고 이해하려는 노력이 무엇보다 중요하다.

이슬람 학자들도 이 점에는 수긍하는 편이다. 이집트에서 만난 이슬람 학자나 이슬람 전문가들은 이슬람은 다른 종교를 인정하고 평화를 추구하는 종교라고 입을 모은다. 그만큼 타 종교를 배척하지 않는다는 게 이슬람의 기본 사상이라는 것이다. 이 학자들의 주장이 맞는다면 IS는 왜 이러한 근본적 교리를 따르지 않고 폭력적 급진 노선을 추구하는 것일까?

그 주된 이유는 이슬람 경전인 쿠란, 예언자 언행록인 하디스의 다양한 해석과 논점의 차이에 있다. 카이로에서 만난 한 유명 이슬람 학자도 이 점에 동의했다. 이 학자는 이슬람 자체에 폭력성이 있다기보다는 이슬람을 이해하는 스펙트럼의 다양성이 종파 갈등을 부추길 수 있다고 분석했다. '지하드'의 개념이 그 대표적인 예다.

일반적으로는 지하드는 '개인의 고군분투', '신앙을 위한 자기와의 싸움' 등 평범한 종교적 행동의 의미로 해석된다. 그러나 IS와 같은 이슬람 급진 무장조직은 '외부와의 전투', '성스러운 전쟁' 등 무력 사용을 정당화하는 개념으로 지하드를 자의적으로 해석해 전파한다. 이슬람의 교리가 "비무슬림은 무력으로 제압해도 된다"고 왜곡하는 식이다. 이때 지하드 개념은 무력과 살인, 납치, 노예제를 정당화하고 힘으로 상대방을 제압하는 행위를 정당화하는 도구로 이용된다. 따라서 이슬람에 대한 핵심 교리를 모든 무슬림이 인정할 수 있도록 정립하고 최소한의 통일성을 추구하는 게 무엇보다 중요하다고 볼 수 있다.

일본의 '이슬람 지하드'를 오랫동안 연구한 학자 이케우치 사토시 역시 IS 사태 해법으로 이슬람 종교 개혁에 주안점을 두었다. 이케우치는 "이슬람에서는 특정 해석을 우위를 가려 더 나은 것을 강제적으로 시행할 수 있는 주체가 없다"는 점을 이슬람 급진세력의 탄생 요인으로 꼽았다. IS와 같은 이슬람 무장단체에 제동을 걸 단체나 기관이 사실상 존재하지 않는다는 점을 사토시는 이미 간파한 것이다.

종교의 자유가 있다면 당연히 쿠란과 하디스에서 같은 구절을 읽어도 사람마다 해석하고 느끼는 바가 다를 수 있고 이를 허용해야 한다. 이것마저 인정하지 않고 유일한 해석만을 받아들이라고 강제할 수는 없다. 이슬람권 내부에서도 이러한 문제를 분명 알고 있다. 물론 이 문제를 해결하기도 결코 쉬운 일은 아니다. 그러나 이슬람 학자들이 머리를 맞대고 최소한의 합의된 이슬람 교리, 갈등이 아닌 평화를 추구하는 이슬람의 종교적 본연의 의미를 설파한다면 개혁은 아니더라도 점진적 자정 능력은 키울 수 있을 것이다. 또 이 학자들이 정치이슬람의 권력화에 제동을 건다면 이슬람 급진주의 세력의 설 자리는 자연스럽게 좁아질 수밖에 없을 것이다.

국제사회의 인도주의적 난민 지원과 중동을 편견없는 바라보는 시선 역시 중요하다. 중동을 종교적 대결의 장소, 자원 확보의 대상, 문명 충돌이 사라질 수 없는 기존의 사고방식에서 벗어날 필요가 있다. 있는 그대로의 중동을 이해하는 노력과 그렇게 할 충분한 시간이 필요하다. 중동 분열의 씨앗이 서구를 포함한 국제사회의 개입으로 싹을 틔운 측면도 분명 있는 만큼 중동이 평화적 안정을 찾도록 측면 지원을 아끼지 말아야 한다. 우선 이슬람국가의 서구에 대한 반감이 어느 정도 남아 있기 때문에 군사적 개입은 가급적 최소화해야 한다. 그 대신 국제사회는 이라크와 시리아가 공정하고 민주적인 정부가 들어설 수 있도록 조언을 아끼지 말고 이 국가들이 정치적, 경제적 재건에 전념할 수 있도록 도울 준비를 해야 한다.

당장은 세계 각지로 흩어진 400만 명이 넘는 시리아 난민과 이라크의 피란민을 보듬는 데 관심을 가져야 한다. 난민들은 고향을 떠나 열악한 시설의 난민촌과 수용소에서 힘든 나날을 보내고 있다. 이들이 계속 고립되고 소외된 생활을 이어간다면 나중에 또 다른 극단주의 사상으로 무장할 가능성도 없지 않다. 시리아 난민과 이라크 주민의 처절한 삶은 수많은 무슬림에게 좌절감과 분노를 안겨줄 수 있다. 이는 또 다른 급진주의 사상과 그 사상을 기반으로 한 또 다른 무장단체를 태어나게 할 수 있는 기반이 된다.

이슬람권 국가와 서구를 포함한 국제사회가 IS 사태에 연대 책임을 지는 것도 중요하다. 이슬람은 무조건 폭력적 종교라는 편견, 기독교 사회의 우위를 은연중에 부추길 수 있는 문화 충돌의 시각에서도 벗어나야 한다. 그 폭력성은 태초의 원죄가 아니라 내외부의 각박한 환경 속에서 특정 정치 세력에 의해 생겨난 것이다. 이를 정치세력화하는 것을 막기 위해서는 강대국과 국제사회의 군사적 압박, 경제 제재만이 아닌 따뜻한 시선을 갖는 것이 무엇보다 먼저여야 한다.

시리아 난민 사태, 유럽을 넘어
아시아의 문제로

IS가 장악한 시리아의 비극은 난민 문제에서 여실히 나타난다. 국제사회가 IS 사태에 관심을 기울여야 하는 주요 이유 가운데 하나도 시리아 난민 문제가 있기 때문이다. 세 살배기

시리아 난민(유엔난민기구 2015년 9월 기준)

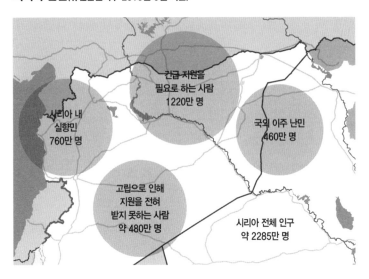

시리아 난민 꼬마인 에일란 쿠르디가 지중해의 차가운 바다에 빠져 익사한 뒤 터키 해변에서 싸늘한 주검으로 발견됐다. 2015년 9월 첫째 주, 이 소식을 접한 세계는 충격에 빠졌다. 네 살된 아이가 있는 나도 페이스북에 떠다니는 쿠르디의 뒷모습을 보고 한동안 말로 표현할 수 없는 슬픔에 젖기도 했다. 내 아이가 침대 위에서 자는 뒷모습을 보면서 쿠르디의 마지막 모습이 떠올랐다. 난민 신세가 된 시리아 어린이의 안타까운 모습은 2012년 7월 레바논과 시리아 국경을 취재할 때 직접 목격한 적이 있다. 학교는 물론 놀이터도 없는 허름한 집이나 천막에서 하루하루를 보내는 어린이의 얼굴은 지금도 생생하게 머릿속에 남아 있다.

시리아 어린이들은 분쟁지에서 태어났다는 이유로 난민이 돼 어쩔 수 없이 부모를 따라 육로 또는 해상에서 월경을 해야 했다.

쿠르디 역시 작은 보트 한 척에 의지해 그리스로 향할 수밖에 없었고, 끝내 비극적인 결과를 피하지 못했다. 쿠르디의 사진 한 장은 그야말로 전 세계에 난민 문제를 심각하게 받아들이게 하는 계기로 작용했다. 난민 문제는 결코 중동에서나 있을 법한 '남의 나라', '남의 일'이 아닌 내 아이의 문제고 우리 인류의 보편적인 문제이기 때문이다.

시리아 난민 문제는 IS 사태와 맞물려 제2차 세계대전 이후 최대 난민 사태로 번졌다. 유엔난민기구(UNHCR)에 따르면, 시리아를 탈출한 난민이 2015년 9월 기준으로 460만여 명이 되었다. 시리아 내에서도 실향민이 760만 명에 이른다. 즉 외부 원조 없이 살기 어려운 위기 인구가 시리아 전체 인구 2285만 명의 절반가량에 해당하는 1220만 명이나 된다. 현재 시리아 난민은 인접국인 터키와 레바논, 요르단, 이라크, 이집트 등의 아랍국가는 물론 유럽 전역으로 피란을 계속하고 있다.

IS가 활개를 치는 시리아는 물론 이라크, 아프가니스탄 등의 평범한 무슬림 주민들은 내전을 피해, 핍박을 피해, 더 나은 삶을 쫓아 유럽행을 시도한다. 최소한의 인간다운 삶의 의미를 찾고자 고향까지 등지고 피란길을 택했다. 이들은 자국 내 정치적인 위협이나 전쟁 등으로 다른 나라로 갈 수밖에 없는 '난민'의 길을 선택한 것이다. 시리아를 포함한 중동과 아프리카 난민은 미래를 알 수도 없는 힘든 여정에 전 재산은 물론 목숨까지 담보로 내놔야 했다. 2015년 4월 19일 난민이 탄 보트가 지중해에서 침몰해 800여 명(UN 발표)이 한꺼번에 목숨을 잃는 참사까지 발생했다.

이는 지중해 최악의 참사로 기록되며 난민 사태가 세계적인 이슈로 주목받았다. 그리고 쿠르디의 죽음을 계기로 난민에 대한 국제사회의 행동을 촉구하는 목소리가 또다시 높아졌다.

5년째 접어든 시리아의 난민 사태는 국제사회의 엇갈린 이해관계와 무관심 속에 여전히 해결의 실마리를 찾지 못하고 있다. 그만큼 시리아 난민 문제는 앞으로도 국제사회의 주요 이슈로 논의될 것이다. 독일과 영국, 오스트리아 등이 난민을 수용하겠다는 입장을 밝혔지만 언제까지 받아들일지는 미지수다. 시리아와 이라크를 포함해 지금도 분쟁을 겪고 있는 수많은 중동, 아프리카 국가 출신 난민의 유럽행이 봇물 터지듯 쇄도할 가능성 때문이다. 여기에 파리 연쇄 테러와 러시아 여객기 추락 테러 가능성으로 유럽과 미국에서는 무슬림과 난민에 대한 시선이 싸늘해지기도 했다.

유럽 일부 국가의 의지만으로는 중동 난민 사태를 해결할 수 없다. 난민 사태는 결국 유럽만의 문제를 넘어 전 세계가 부담을 져야 할 문제가 될 것이다. 시리아 주변 아랍국을 비롯하여 국제사회는 복잡한 정치 논리를 방패막이로 이 문제를 끝까지 외면할 수 없다. 유엔의 회원국이자 전쟁의 비극을 경험한 한국으로서도 인도주의적 차원에서 분담해야 할 문제다.

그렇다고 한국이 그동안 난민 사태에 완전히 눈감고 있었다고 얘기하는 건 아니다. 법무부 자료에 따르면 1994년 이후 2015년 5월까지 한국에 난민 신청을 한 시리아인 713명 가운데 577명이 '인도적 체류 비자'를 받았다. 그 중 난민으로 인정받은 것은 3명

뿐이다. 인도적 체류 비자는 난민으로 인정받는 것보다 권리 보장 수준이 다소 떨어진다.

　세계 10위권의 경제대국으로 자주 불리는 우리나라는 난민 지원 측면에서 아직 갈 길이 멀다. 난민 수용 인원도 점진적으로 늘려야 할 필요도 있지만 난민 절차까지 그들이 견뎌야 하는 상황은 처참하다는 보고서가 줄을 잇는 실정이다. 게다가 IS와 분쟁의 상처를 지닌 난민을 아무 근거 없이 색안경을 쓰고 바라보지는 않았는지 되돌아볼 필요도 있다. 난민이 전쟁을 피해 살해 위협을 피해 고향을 떠나 국경을 넘었다는 이유만으로 지탄과 비판을 받을 이유는 없다. 우리에겐 치안과 경제적 실익의 문제일 수 있지만 그들에게는 생존이 걸린 문제다.

　IS의 부흥에 따른 난민 사태가 당장 한국에 미치는 영향이 서구와 비교해 상대적으로 미비할지 모른다. 그러나 장기적으로는 바로 이웃국가의 문제, 우리의 문제가 될 수 있다. 유럽만의 일이라고 치부하거나 오히려 자국만의 경제적 논리를 앞세워 무관심하게 대응한다면 나중에 인간의 중요 가치인 존엄성이 뒤로 밀려날 수 있다. 자칫 자국 개인주의에 빠져 세계 속의 한국은 설 자리가 좁아질 수 있다. 국격과도 간접적으로 연결되는 문제이기도 하다. 인도적 현안에 눈을 감는 행위는 경제적으로만 성장했을 뿐 인간적으로는 뒷걸음질 치는 일이다.

　논의는 이제 뒤로 하고 행동으로 나설 때다. 난민 사태에 무관심으로 일관한다면 쿠르디의 비극은 또 생길 수 있고, 그만큼 인류적 재앙에 대한 우리의 죄책감은 더욱 커질 것이다. 시리아 사태를 보편적 인권 문제로 바라봐야 한다. 사람을 인간이 아닌 물질적 대상으로 바라보는 경향이 우리를 점차 물질로 전락시킬 수 있겠다는 우려마저 들게 한다.

한국과 아시아에 미치는 영향

이집트에서 만난 중동 정치분석가와 학자 대부분은 IS 사태가 한국과 아시아에 미치는 영향에 대해 거의 모두 비슷한 의견을 내놓았다. 한국을 포함한 아시아는 IS의 직접적 표적이 되지는 않을 것이란 취지다. 이슬람 지하디스트와 테러리즘 전문가인 파와즈 게르게스 교수(런던정경대)가 카이로를 찾아 IS를 주제로 강연할 때 이에 관한 질문을 할 기회가 있었다. 카이로 타흐리르 광장 인근의 AUC 강당에서 만난 그는 이 질문에 별 망설임 없이 "현재 동아시아는 IS가 위협을 가할 대상이 아니다"라고 말했다.

일본 인질 두 명이 IS에 참수당했다는 예를 제시하자 그는 또다시 "그 건은 조금 다른 경우"라며 "아베 일본 총리의 발언에 경고를 주고 IS에 대한 공포심을 확산하려고 인질을 참수한 것"이라고 설명했다. 애초 참수할 계획이 없던 일본인 인질이었지만 아베 총리가 이집트를 방문했을 당시 "IS와 관련해 2억 달러를 지원하겠다"고 한 발언이 빌미를 줬을 뿐 아베 총리가 IS를 자극하는 공개 연설만 하지 않았다면 인질도 살해되지 않았을 것이란 의미다.

　이집트 언론인 아흐메드 샤즐리 역시 IS 사태가 한창 이슈를 끌 때도 "한국은 IS가 당장 공격해야 할 정도의 목표물은 아니다"고 분석했다. 칼리프 국가를 건설하기 위해 이라크, 시리아 정부와 대결하기도 벅찬 상황에서 동아시아까지 공격을 계획할 여유가 없을 것이란 이유에서다. 이집트 싱크탱크인 알아흐람 센터의 칸딜 박사 역시 "한국이 당장 IS의 위협 대상이 되지는 않을 것"이라는 견해를 내놨다.

　중동 전문가들이 이러한 답변을 한 배경은 대체로 비슷하다. 한국이 이라크와 시리아는 물론 아랍권 전역에서 국가 이미지가 나쁘지 않은데다 나름 개발도상국의 본보기 국가로 여겨지기 때문이란다. 물론 한국의 지나친 친미 정책 등 부정적인 면이 있다 해도 중동에서 한국의 긍정적인 이미지가 훨씬 더 강하다는 것이다.

　실제 이집트의 평범한 무슬림을 만나 봐도 대부분은 한국의 이미지를 묻는 말에 "쿠리아 쿠와이스(한국 좋아)"라고 답한다. 한 예로 카이로 명문대인 아인샴스 한국어과는 이집트 내에서 이미 최고 인기학과 중 하나로 자리를 잡으면서 우수한 인재들이 몰려드는 상황이다. 아인샴스 한국어과는 다른 외국어 학과와 비교해 매년 높아지는 경쟁률을 자랑할 정도다. 중동에서는 케이팝과 함께 삼성과 LG, 현대, 기아자동차 등 국제적인 한국 기업의 브랜드도 한국 문화와 한국어에 대한 호감도를 크게 높여주는 요소다.

그렇다고 해도 한국 정부기관이나 한국인을 겨냥한 IS의 테러 위협이 앞으로 무한정 없을 것이란 장담은 아무도 하지 못했다. IS 사태가 장기화되고 한국 정부가 IS 사태에 직접적으로 개입한다는 인상을 주면 상황은 바뀔 수 있다는 것이다.

한 예로 IS의 일본인 인질 사례를 자주 들었다. 물론 아베 총리의 발언에 따른 특수한 상황이었다고는 해도 한국 역시 IS를 자극하는 정부 관계자들의 공개 발언이 나올 경우 그리고 IS와 전쟁을 치르는 중동 국가들에게 직접적으로 군사 지원을 할 경우 상황은 언제든 바뀔 수 있다는 얘기다. 게다가 한국은 아시아의 대표적 친미 국가로 알려져 있어 미국의 공습에 한국이 동참할 경우에도 IS의 공격 목표 리스트에 오를 수도 있다는 분석도 제기된다. 한국은 현재 IS 격퇴전에 직접 참가하지 않고 있으며 인도적 지원만 하고 있다.

중동 지역에서는 한국 기독교도인이 위험을 무릅쓰고 몰래 선교하다가 적발되는 경우도 종종 있어 이에 대한 주의도 요구되고 있다. 중동 주재 한국대사관에 따르면 2015년 7월 선교 단체 소속의 한국인 두 명이 레바논-시리아 국경 난민캠프 인근에서 레바논 보안군에 체포됐다. 이집트에서도 선교 활동을 목적으로 들어온 한국인이 강제출국 조치를 당하거나 입국이 거부되는 경우도 가끔 발생하고 있다.

2014년 2월에는 이집트 시나이반도로 단체 성지 순례를 온 관광객을 겨냥한 자살 폭탄 테러로 한국인 세 명이 숨지는 참사도 있었다. 2004년 6월에는 김선일 씨가 IS의 전신인 '유일신과 성전'이라는 이슬람 과격단체에 참수당한 적도 있다. IS가 중동에서 일어난 이러한 대형 사건의 흐름을 전혀 모를 리 없을 터이다. 주이집트 한국대사관은 한때 교민 전체에 보낸 이메일을 통해 선교활동을 법으로 엄격히 금지하는 중동에서의 선교가 일반 한국인 관광객 또는 현지 체류 중인 교민에 대한 테러와 피랍을 유발할 가능성이 있다고 경고하기도 했다. 중동에서 근무하는 한국의 한 정부 당국 관계자 역시 "IS에 대한 여파가 앞으로도 한국에 전혀 없을 것으로 생각하지는 않는다"고 말한다.

한국 사회에 서서히 퍼지는 이슬람 포비아 현상도 장기적으로는 걱정되는 대목이다. 이슬람교도를 혐오하는 분위기가 만연하면 '다문화 가정'과 '국내 체류 외국인', '난민 사태' 등 국제사회와 관련한 문제 해법찾기를 더욱 어렵게 할 수 있다. 근본적으로 우리 사회의 통합을 저해할 수 있는 더 큰 문제가 생길 수도 있다.

이희수 한양대 교수가 2012년 파악한 조사에 따르면 한국 내 무슬림은 14만 5000명에 이른다. 유엔난민기구(UNHCR) 한국대표부가 공개한 〈2014 글로벌 동향 보고서〉에 따르면 한국 내의 난민과 인도적 체류를 인정받은 사람은 1173명이다. 난민 신청을 하고 나서 결과를 기다리는 사람은 3489명이다. 앞으로도 중동 분쟁의 지속과 세계화의 추세에 따라 무슬림 가정, 다문화 가정은 더 늘어날 것이다.

서울과 인천 사회부에서 사건팀 소속으로 경찰서를 담당했을 때 종종 들었던 형사과 직원들의 말은 아직도 기억에 남아 있다. '가족 구성원이 화목한 집안에서는 범죄인이 나오지 않는다. 가족 내 불화가 있거나 부모한테 문제가 있을 때 그 자녀들이 나중에 찾게 되는 곳이 경찰서'라는 것이다. 이 얘기의 결론은 가족 내부에 문제가 없으면 부모나 자녀가 경찰서에 올 일이 없다는 것이다. 반대로 가족 내 불화가 있다면 언젠가는 안 좋은 일이 터진다는 게 일반 사건을 처리하는 형사과 경찰의 대체적인 견해인 것 같다.

물론 이런 이치가 언제나 통하는 것은 아닐 터이다. 다만 내부 자체에 문제가 없고 또는 내부에 문제가 있다고 하더라도 이를 해결하려는 노력과 함께 내부 구성원 간 견고한 팀워크가 발휘

된다면 그 가족은 어떠한 외풍도 견뎌낼 수 있다. 원치 않는 외풍은 내부 문제를 더 키워 주변에 부정적 영향을 미칠 가능성을 키울 뿐이다.

IS 사태를 보면서 중동 내부의 문제를 해결해야 할 주체는 이라크, 시리아를 중심으로 한 중동 국가 스스로가 돼야 한다는 게 '옳은 길'이지 않겠는가, 라는 생각이 머릿속을 떠나지 않았다. 그 내부 문제를 다른 어떤 나라보다, 다른 종교가 국교인 외국보다 더 잘 알고 있기 때문이다.

이집트 특파원으로 5년째 나와 있어도 이슬람 교리와 무슬림의 삶을 형태를 정확하게 이해하는 데는 한계가 있었다. 특히 국제관계는 물론 종파 갈등이 복잡하게 얽혀 있는 이라크, 시리아

사태에 대한 해법을 제시하고 현지인의 사고와 삶의 방식을 바꿔야 한다고 지적하는 그 자체도 무리일 수 있다.

하지만 이번 책을 준비하면서 중동 내부에서 왜 IS와 같은 문제가 생기게 됐는지 그리고 그 근본적인 문제의 뿌리는 무엇인지를 알아야지만 그 해결책의 실마리를 찾을 수 있다는 점은 분명하다는 확신을 갖게 됐다. 내부 문제에 관한 해법을 외부에서 찾는다면 그 해법은 그 자신에게 정말로 최적의 대안인지 최고의 해결책인지 알 길이 없다. 오히려 그 외부는 해법을 가장해 내부 문제에 개입하고 자신의 이익을 결부시킬지도 모르는 일이다. 내부 문제에 가장 적합한 해결책은 내부 구성원이 더 잘 알고 있다.

IS 사태는 이제 국제적인 이슈로 번지긴 했지만 이라크, 시리아에서 촉발된 것은 부인할 수 없는 사실이다. 석유 한 방울 나지 않고 더 궁핍하게 살아온 국가들도 있는데 왜 이라크, 시리아에서 IS가 부흥했는지를 찾으려고 노력하다보면 그 해법의 실마리가 나올 수도 있다.

중동에서는 제1차 세계대전 이후 강대국의 끊임없는 개입과 복잡한 정치 구도와 얽히고설킨 종파 갈등, 서로에 대한 불신이 지금의 사태를 불러일으킨 측면이 크다. IS가 종교를 이용하는 집단이라면 종교 지도자들이 더욱 적극적으로 나서 IS 교리의 허점과 불합리를 반박할 필요성이 있지는 않을까? 외국인 또는 기독교인, 또는 간첩 혐의를 받는 무슬림 인질을 참수할 때만 성명을 발표해 규탄할 게 아니라 이슬람 법학자 등 권위자의 논리적이고 꾸준한 IS 비판과 일반 무슬림이 올바른 이슬람의 길을 걸

을 수 있도록 안내하는 게 중요하지 않을까 하는 생각도 든다. 이
슬람 권위자의 무관심 또는 침묵은 IS의 비이성적 주장과 선전을
정당화하는 명분만 쌓게 해 줄 뿐이다.

국제사회는 IS 사태를 겪는 당사국이 그들의 문제를 더 잘 알
수 있도록 그 해결책 수립에 도움을 줄 수 있는 방안을 고민해 봐
야 한다. 중동을 오일, 테러리즘, 이스라엘 안보 등의 획일화된
관점을 넘어서 인류애의 시각으로 바라봐야 한다. 중동을 미국-
러시아, 사우디아라비아-이란, 시아파-수니파, 서구 문화-이슬람
문화의 대리전이 펼쳐지는 각축장으로 만들거나 그러한 대결의
장으로서 봐서는 안 된다. 독재정권과 정치이슬람, 정부의 부패
등 지적할 것은 지적하되 중동을 '색안경'을 쓰고 본 건 아닌지도
돌아봐야 할 때다.

'이슬람과 테러리즘'을 같은 선에 놓는 선입견과 편견이 왜 생
겼는지도 성찰해 볼 필요가 있다. 특히 이슬람 종교와 관련된 종
교적 문제를 흔한 수사학적 표현인 '문명 충돌'로 치부해 문화의
우열을 또다시 조장하지는 않는지, 자연스럽게 기독교 문화를 주
입해야 한다는 이데올로기를 무의식적으로 이식하려고 하는 건
아닌지도 되돌아볼 필요가 있다. 현대 다문화시대에 이슬람을 배
타적으로 여기는 분위기는 결국엔 무슬림의 소외감과 증오심을
더욱 키울 뿐이다.

종교나 사상을 정치적으로 이용한 조직은 탄탄한 기반을 쌓지
못해 오랫동안 지속하기 어렵다. 종교와 사상으로 결국엔 주민의
지지를 받지 못한 채 소멸을 되풀이한다는 것도 역사를 봐도 알

수 있다. 문제는 종교나 사상 그 자체가 아니라 그것을 이용하는 정치 세력이다. 또 무력으로 상대방을 탄압하거나 제거하려고 시도하면 또 다른 피의 보복을 불러올 것은 불 보듯 뻔하다. IS가 왜 폭력 노선을 추구하는지 근본적인 이유를 파악하고 그 해법을 찾는 공동의 인류애적 노력이 이뤄진다면 중동의 폭력적 역사는 평화의 이름으로 중단될 것으로 기대한다. 중동 문제도 결국 사람의 문제인 만큼 무엇보다 인류애적 관점에서 해결의 실마리를 찾아야 한다.

감사의 글

책은 한 사람이 아닌 여러 사람의 종합 산물이라는 점을 이번에 확실하게 깨달았다. 뛰어난 식견을 지닌 분들의 따끔한 조언과 비판은 더 나은 작품을 만들게 하는 원동력이 됐다.

이 책을 준비하면서 정말 많은 분의 도움을 받았다. 조금 더 완성에 가까운 책을 독자에게 선보이고 싶었고, 하나라도 더 의미 있는 정보를 알려주고 싶은 욕심에 주변 사람들을 정말 많이 성가시게 했다.

먼저 책의 중심을 잡아주고 이슬람국가(IS)에 관해 장시간 인터뷰에 응해 주신 아흐메드 칸딜 알아흐람센터 박사와 아흐메드 샤즐리 움마프레스 편집장, 무스타파 사이드 카이로대 정치학과 교수, 마르코 핀파리 카이로아메리칸대학(AUC) 정치학과 교수 등에게 감사의 말씀을 전한다.

부족한 점이 적지 않은 1차 원고 초안을 보고 기탄없이 지적해준 국가경영연구원의 조성기 원장과 주이집트 한국대사관의 박태영 참사관, 코트라 카이로 무역관의 김유정 관장과 조은범 부관장, 특히 노정민 차장에게도 진심 어린 감사의 말씀을 드린다.

또 바쁜 업무 속에서도 꼼꼼하게 평가한 연합뉴스의 이명조 유럽총국장, 김준억 이스탄불 특파원, 강훈상 두바이 특파원 덕분에 책의 완성도는 더 높아졌다. 연합뉴스의 이기창 전 국제국 에디터, 조채희 국제뉴스부장, 이성섭 전 국제뉴스2부장, 정열 팀장은 첫 기획 단계에 격려해주신 덕에 끝까지 용기와 끈기를 가질 수 있었다. 연합뉴스TV 맹찬형 사회부장은 특파원 임기 중에 책을 써 볼 것을 강하게 권유하고 이 책의 출판 과정에 과분한 도움을 주셨다.

이 책을 기획하면서 1차적으로 연합뉴스의 국제부 기사를 많이 참고했다. IS는 물론 복잡한 중동 분쟁과 역사에 관해 정확하고 심도 있는 수많은 연합뉴스 기사를 보면서 훌륭한 언론사 조직에 몸담고 있다는 점을 다시 한 번 느꼈다. 국제부 선후배, 동기들의 기사에서 많은 영감을 얻고 지식을 얻었다. 연합뉴스 사회부 전 사건팀 선후배와 25기 동기, 특히 완벽한 그래픽 작업으로 책의 수준을 한 단계 끌어올린 박영석 그래픽뉴스 기자에게 정말 고맙다는 말을 전한다. 이 책에 실린 눈에 띄는 그래픽은 모두 박 기자의 작품이다.

이번 책 출판의 기회를 준 한국언론단체인 관훈클럽과 세련된

디자인과 편집으로 이 책의 가치를 높인 서해문집 관계자에게도 감사드린다.

무엇보다 자나 깨나 물심양면으로 책을 위한 토론에 언제든 참여해 깨알 같은 조언을 해 주고 귀여움으로 사기를 북돋아준 엄채영과 승호, 예진, 금수진과 우진이는 가장 큰 우군이었다.

이 밖에 주이집트 한국대사관의 정광균 대사, 김진모 무관, 김응중 참사관, 윤승호 삼성전자 카이로 판매법인장, 곽배원 OCI 상사 카이로 지사장 등도 이 책이 나오기 전 고마운 조언을 해주었다.

국내외 100여 건의 책과 논문 등을 참고하는 과정에서 읽게 된 중동 문제 국내 최고 전문가 가운데 한 분인 인남식 국립외교원 교수의 〈이라크 '이슬람국가(IS, Islamic State)' 등장의 함의와 전망〉과 정상률, 이종화 명지대 교수의 〈DABIQ에 나타난 IS의 칼리파제론 연구〉 논문은 국내 학계에서 보기 드문 IS 관련 실증적 연구자료였다.

또 주말 밤늦게까지 토론의 공간과 뛰어난 맛의 커피와 차를 제공해 준 카이로 마아디 'Road 9' 거리에 있는 비너스와 그레코 카페의 이집트인 직원들에게도 고마움의 말을 전한다.

마지막으로 이 책을 쓰면서 참고한 수많은 자료의 인용, 출처를 일일이 표기하지 않은 점에 불편해하는 분들이 있다면 지면을 통해 이렇게나마 사과의 말씀을 드리고 싶다. 전체적인 글 흐름을 자연스럽게 하기 위한 목적 등으로 모든 인용 출처는 책 뒷부분에 참고문헌으로 대체했다.

참고자료

단행본

Atwan, Abdel Bari. *After Bin Laden: Al-Qa'ida, The Next Generation*. Saqi Books, 2012.

Berko, Anat. *The Smarter Bomb: Women and Children as Suicide Bombers*. Maryland: Rowman & Littlefield Publishers, 2012.

Brachman Jarret M. *Global Jihadism: Theory and Practice*. Routledge, 2009.

Brownlee Jason, Masoud Tarek, and Reynolds Andrew. *The Arab Spring: Pathways of Repression and Reform*. OXFORD: Oxford University Press, 2015.

Dawisha, Adeed. *The Second Arab Awakening*. New York: W. W. Norton & Company, 2013.

Fuller, Graham. *The Future of Political Islam*. Palgrave Macmillan, 2004.

Gerges Fawaz A. *Journey of the Jihadist: Inside Muslim Militancy*. Harcourt, 2006.

Hall Benjamin. *Inside ISIS*. Center Street; First Edition, 2015.

Henry Clement, and Jang Ji-Hyang, eds, *The Arab Spring*. 1ᵗ ed.TheAsanInstit uteforPolicyStudies,2012.

Hokayem Emile. *Syria's Uprising and the Fracturing of the Levant*. Routledge, 2013.

Lesch David W. *The New Lion of Damascus: Bashar al-Asad and Modern Syria*. Yale University Press Publications, 2005.

Marr, Phebe. *The Modern History of Iraq*. 3ʳᵈed.WestviewPress,2012.

Napoleoni Loretta. *The Islamist Phoenix*. Seven Stories Press, 2014.

Pape, Robert A. *Dying To Win: The Strategic Logic of Suicide Terrorism*.

Random House New York, 2005.

Rubin, Barry. *Islamic Fundamentalism in Egyptian Politics*. Palgrave
    Macmillan, 2002.

Said, Edward W. *The End of the Peace Process: Oslo and After*. 2nded.
    GrantaBooks,2002.

Sekulow Jay. *Rise of ISIS: A Threat We Can't Ignore*. Howard Books, 2014.

Quandt William B. *Peace Process: American Diplomacy and The Arab-Israeli
    Conflict Since 1967*. Rev. ed. Brookings Institution Press, 2001.

Weiss Michael, and Hassan Hassan. *Inside the Army of Terror*. Regan Arts,
    2015.

라피두스 아이라 M, 신연성 역, 이슬람의 세계사 1,2, 이산, 2008.

마사카츠 미야자키, 이규원 역, 하룻밤에 읽는 중동사, 랜덤하우스코리아㈜, 2009.

사우스 콜먼, 황남석 역, 시리아(SYRIA: Curious Global Culture Guide), 휘슬러, 2005.

사토시 이케우치, 김정환 역, 그들은 왜 오렌지색 옷을 입힐까, 21세기북스, 2015.

스펜서 로버트, 유달승 역, 정치적으로 왜곡된 이슬람 엿보기, 인간사랑, 2009.

에렐 안나, 박상은 역, 지하드 여전사가 되어, 글항아리, 2015.

이희수, 이원삼 외, 이슬람, 청아출판사, 2005.

최영길, 성 꾸란 의미의 한국어 역, 파하드 국왕 꾸란 출판청, 1997.

프랜시스 로빈슨 외, 손주영 외 역, 사진과 그림으로 보는 케임브리지 이슬람사, 시공
    사, 2006.

논문, 에세이

Barrett Richard. "Foreign Fighters in Syria." *The Soufan Group* June 2014.

Geneva Academy. "Foreign Fighters Under International Law." *Geneva
    Academy of International Humanitarian Law and Human Rights*
    Oct. 2014: No 7. Print.

Gerges, Fawaz A. "Current History: ISIS and the Third Wave of Jihadism." *The
    Journal of The Middle East and Africa* 6.3 (2015): 339-343. Print.

Holbrook, Donald. "Al-Qaeda and the Rise of ISIS." *Survival* 57.2 (2015): 93-
    104.

Karakoc, Julide. "The Failure of Indirect Orientalism: Islamic State." *Critique*
    42.4 (2014): 597-606.

Kardas Tuncay and Ozdemir Omer Behram. "The Making of European

Foreign Fighters: Identity, Social Media and Virtual Radicalization."
SETA Oct. 2014: No 11. Print.

Keatinge Tom. "Identifying Foreign Terrorist Fighters: The Role of Public-
Private Partnership, *Information Sharing and Financial Intelligence.*"
International Center for Counter Terrorism 2015.

Khalil Ezzeldeen. "Expansive Year: Islamic State Approaches First
Anniversary." *Jane's Intelligence Review* July 2015. Print.

Obe Rachel Briggs and Silverman Tanya. "Western Foreign Fighters:
Innovations in Responding to the Threat." *Institute for Strategic
Dialogue* 2014.

O'Hanlon Michael E. and Livingstone Ian. "Iraq Index: Tracking Variables
of Reconstruction & Security in Iraq." *Foreign Policy at Brookings
Tracks Security and Reconstruction in Afghanistan, Iraq and
Pakistan.* Brookings (2012).

Sprusansky, Dale. "Understanding ISIS: Frequently Asked Questions."
Washington Report on Middle East Affairs 33.7 (2014).

Transparency International. "Corruption Perceptions Index 2011."
Transparency International Nov 2011. Web. June 14. 2015.

Transparency International. "Corruption Perceptions Index 2014."
Transparency International Nov 2014. Web. June 14. 2015.

UNHCR. "2014 Syria Regional Response Plan: Strategic Overview." *UNHCR.*
2014.

손병권, 정영은. "부시 행정부의 이라크 증파결정: 부시대통령의 신념과 관료정치를
중심으로." 중앙대학교 연구논문(2008)

유왕종. "이라크 쉬아 무슬림 과격 운동과 마흐디민병대." 한국이슬람학회논총
18.3(2008): 169-194.

이종택. "시리아 국내갈등 해결전망." 중동문제연구소 12.2(2013): 1-34.

인남식. "이라크 이슬람 국가(IS. Islamic State) 등장의 함의와 전망." 국립외교원 외교
안보연구원(2014)

정상률, 이종화. "DABIQ에 나타난 IS 칼리파제론 연구." 한국중동학회논총
35.3(2015): 1-42.

기사, 잡지
Aki Ziad. "ISIS and the Western Media." *Ahram Online.* Al-Ahram Publishing

House, Apr 21. 2015. Web. June 14. 2015.

Al-Ali, Zaid. "How Maliki Ruined Iraq." *Foreign Policy*. The FP Group, June 19 2014. Web. June 19 2015.

Al Jazeera. "Saudi Analysts on How to Defeat ISIL's Threat." *AlJazeera*. Al Jazeera Media Network, May 31. 2015. Web. June 14. 2015.

Asrar Shakeeb. "Syria: A Country Divided." *AlJazeera*. Al Jazeera Media Network, May 31. 2015. Web. June 14. 2015.

Barnard Anne. "ISIS speeds Up Destruction of Antiquities in Syria." *The New York Times*. The New York Times Company, Aug 24 2015. Web. Aug 26. 2015.

Black Ian. "Sunni V Shia: Why the Conflict is More Political than Religious." *The Guardian*. Guardian Media Group, April 5. 2015. Web. June 16. 2015.

Brown Katherine. "Analysis: Why Are Western Women Joining Islamic Sate?" *BBC*. British Public, Oct 6. 2014. Web. July 10. 2015.

Cronin Audrey Kurth. "ISIS Is Not a Terrorist Group: Why Counterterrorism Won't Stop the Latest Jihadist Threat." *Foreign Affairs*. The Council on Foreign Relations, Feb 16. 2015. Web. Aug 4. 2015.

DABIQ ISSUE No. 1-11. July 2014 - Sep 2015.

El-Hamed Raed. "The Challenges of Mobilizing Sunni Tribes in Iraq." *The Cairo Review of Global Affairs*. A.U.C School of Global Affairs and Public Policy, March 19. 2015. Web. June 16. 2015.

El-Wardani Mahmoud. "Book Review: The Future of ISIS, by Former Jihadists." *Ahram Online*. Al-Ahram Publishing House, April 24 2015. Web. May 21 2015.

Fackler Martin. "Japan Faces a Deadline to Save Men Hold by ISIS." *The New York Times*. The New York Times Company, Jan 22. 2015. Web. Aug 26. 2015.

Gardner Frank. "The Crucial Role of Women within Islamic State." *BBC*. British Public, Aug 20. 2015. Web. Aug 30. 2015.

Gartenstein-Ross Daveed. "ISIS Is Losing Its Greatest Weapon: Momentum." *The Atlantic*. Atlantic Media, Jan 6. 2015. Web. June 10. 2015.

Gerges Fawaz. "The Rise of IS - and How to Beat It." *BBC*. British Public, Jan 12. 2015. Web. July 1. 2015.

Gilsinan Kathy. "The Geography of Terrorism." *The Atlantic*. Atlantic Media,

Nov 18. 2014. Web. Sep 4. 2015.

Hamid Shadi. "After the Arab Spring: The Return of the Generals." *Spiegel Online*. Spiegel Gruppe. Aug 4. 2014. Web. May 31. 2015.

Ikeuchi Satoshi. "Spread of Radical Islamic Ideology Cannot Be Stopped by Force." *Nikkei Asian Review*. NIKKEI, Feb 5. 2015. Web. June 14. 2015.

Jenkins Brian Michael. "Islamic State's Risky Business." *Bloomberg*. Bloomberg L.P., August 28. 2014. Web. June 14. 2015.

Khan Zeba. "Words Matter in ISIS War, So Use Daesh." *The Boston Globe*. Boston Globe Media Partners, October 9 2014. Web. June 14 2015.

Khouri, Rami G. "ISIS Attracts Because Arab Systems Repel." *The Cairo Review of Global Affairs*. A.U.C School of Global Affairs and Public Policy. May 31 2015. Web. June 14 2015.

Kingsley Patrick, Rice-Oxley Mark, and Nardelli Alberto. "Syrian Refugee Crisis: Why Has It Become So Bad?" *The Guardian*. Guardian Media Group, Sep 4. 2015. Web. Sep 15. 2015.

Longman James. "Female Muslim Converts Drawn to Islamic State." *BBC*. British Public, Jan 29. 2015. Web. July 10. 2015.

Markert Jennifer. "ISIS Attracts Foreign Fighters From Across the Globe: Where do They Come From, and Why?" *Curiousmatic*. Curiousmatic Corporate Services, Sep 4. 2014. Web. June 14 2015.

Mcdonnell Patrick. "Islamic State Militant Group: What is Daesh Anyway?" *The Los Angeles Times*. The Los Angeles Times Media Group, Dec 6. 2014. Web. June 14. 2015.

Mosendz Polly. "ISIS's Shifting Social Media Game." *The Atlantic*. Atlantic Media, Oct 27. 2014. Web. July 10. 2015.

Nkrumah Gamal. "Islamophobia in Asia." *Al-Ahram Weekly*, Aug 20 2015: issue no. 1259. Print.

n.p. "Awkward Allies: Turkey, America and the Kurds." *The Economist*. The Economist Group, Aug 1. 2015. Web. Aug 1. 2015.

n.p. "Creeping toward Damascus." *The Economist*. The Economist Group, April 11 2015. Web. April 15 2015.

n.p. "Islamic State: Women who Join Discover Harsh Realities." *BBC*, British Public, May 28. 2015. Web. July 10. 2015.

n.p. "Proxies and Paranoia: Iran and Saudi Arabia." *The Economist*. The

Economist Group, Jul 25. 2015. Web. Jul 31. 2015.

Parkinson Joe and George-Cosh David. "Image of Drowned Syrian Boy
　　Echoes Around World." *The Wall Street Journal*. News Corp, Sep 3.
　　2015. Web. Sep 15. 2015.

Piscatori James. "Islamophobia in the Era of Islamic State." *EastAsiaForum*.
　　The East Asian Bureau of Economic Research, April 5. 2015. Web.
　　Aug 30. 2015.

Schmitt Eric. "ISIS or Al Qaeda? American Officials Split Over Biggest
　　Threat." *The New York Times*. The New York Times Company, Aug 4.
　　2015. Web. Aug 4. 2015.

Stern Jessica and Berger J.M. "ISIS and the Foreign fighter Phenomenon." *The
　　Atlantic*. Atlantic Media, Mar 8. 2015. Web. July 10. 2015.

Sly Liz. "The Hidden Hand Behind the Islamic State Militants? Saddam
　　Hussein's." *The Washington post*. Nash Holdings LLC, April 4 2015.
　　Web. July 1 2015.

Thiessen Marc A. "Kerry's Coalition against the Islamic State Fails His Global
　　Test." *The Washington Post*. Nash Holdings LLC, Sep 22. 2014. Web.
　　May 30. 2015.

Thompson Nick, and Shubert Atika. "The Anatomy of ISIS: How the Islamic
　　State is Run, from Oil to Beheadings." *CNN*. Turner Broadcasting
　　System, January 14 2015. Web. May 19 2015.

Reuter Christoph. "The Terror Strategist: Secret Files Reveal the Structure of
　　Islamic State." *Spiegel Online*. Spiegel Gruppe, April 18 2015. Web.
　　May 19 2015.

Wood Graeme. "What ISIS Really Wants." *The Atlantic*. Atlantic Media, March
　　2015. Web. June 10. 2015.

Wood Paul. "Islamic State: Yazidi Women Tell of Sex Slavery Trauma." *BBC*.
　　British Public, Dec 22. 2014. Web. July 10. 2015.

블로그, 웹사이트

Ababakar Muhammad Sa'ad, et al. "Open Letter to Al-Baghdadi."
　　Lettertobaghdadi.com, Sep 19. 2014. Web. May 30. 2015. ⟨www.
　　lettertobaghdadi.com⟩

Amnesty International. "Syria's Refugee Crisis in Numbers." *Amnesty*

International. Sep 4. 2015. Web. Sep 15. 2015. 〈https://www.
amnesty.org/en/latest/news/2015/09/syrias-refugee-crisis-in-
numbers/〉

Dettmer Jamie. "The ISIS Online Campaign Luring Western Girls to Jihad."
The Daily Beast. The Daily Beast Company LLC, Aug 16. 2014. Web.
July 10. 2015.

Esposito John L. "The Origins of the ISIS Conflict." Oxford Islamic Studies
Online. *Oxford University Press*, n.p. Web. May 30. 2015.

Henry Hani. "Hani Henry dissects Terrorist Psychology, Why Youth Join."
NEWS@AUC. The American University in Cairo, May 10. 2015. Web.
July 1. 2015.

Jasim Von Ansar. "One Has to Distinguish Between Salafism and Jihadism –
An Interview with Thomas Pierret, Part II." Alsharq. Dar Al Sharq,
October 7. 2013. Web. May 14. 2015.

Kaileh Salameh and Shams Victorios. "What is Sectarianism in the
Middle East?" OpenDemocracy n.d. Web. June 16. 2015. 〈www.
opendemocracy.net〉

Khouri Rami G. "ISIS is the Latest of Many Different Islamisms." *Agence
Global*. Agence Global, Oct 22. 2014. Web. 31 May. 2015.

_____. "ISIS Attracts Because Arab Systems Repel." Agence Global.
Agence Global, May 30. 2015. Web. June 14. 2015.

_____. "ISIS is Weak, but So are Arab States." Agence Global. Agence
Global, Jul 11. 2015. Web. July 20. 2015.

_____. "Only Fools Confuse Religion with Criminality." Agence
Global. Agence Global, Feb 18 2015. Web. June 14. 2015.

Lean Nathan. "Islamophobia in the United States: A Case of the Three 'I's."
Oxford Islamic Studies Online. Oxford University Press, n.p. Web.
May 30. 2015.

Mapping Militant Organizations. Standford University, May 15. 2015. Web.
Sep 20. 2015.

Pietervanostaeyen. "On the Origin of the Name DAESH– The Islamic State in
Iraq and as-Sham" *Pietervanostaeyen*. Feb 18. 2014. Web. June 14.
2015.

Powell Nathaniel K. "Why Military Intervention Fail." *Transconflict*.
Transconflict, May 8. 2015. Web. July 1. 2015.

Tschirgi Dan, and Soltan Gamal. "AUC Faculty Examine ISIS Roots,
Strategies." Interview by NEWS@AUC. *NEWS@AUC*. The American
University in Cairo, October 12 2014. Web. May 19 2015.

UNHCR

Warner Bill. "The Study of Political Islam." *Poltical Islam*. CSPI International,
Dec 8. 2008. Web. May 30. 2015.